JN190771

人生は生まれ落ちた瞬間にコースが分かれている。

僕はそう思う。

裕福で教養ある両親のもとに生まれ、
幼稚園や小学校から名門校に通う。
海外旅行を皮切りにたくさんの経験を積む。

もちろん、本人の努力と才覚は必要だ。
でも、それを邪魔する障害物は少ない。
だってもうスタートラインにはついているから。
あとは走るだけだ。

もう一つのコース。
決して裕福ではない両親のもとに生まれ、
塾に通う余裕はなく、
勉強といえば学校の「定期テスト」しか知らない。

高卒の両親から大学の話が出たこともなければ、
海外旅行なんて行ったこともない。

本人の努力と才覚があっても、
あまりに障害物が多くて、
スタートラインにたどり着くことさえ難しい。
この国の「普通の人たち」が歩むコースだ。

努力すれば報われる、なんて嘘だ。
僕たち「普通の家庭」に生まれた人たちは、
まずはスタートラインに立たなくちゃいけない。
たくさんの障害物を乗り越え、
傷だらけになってでもだ。

身の丈を考えろ！
もっと普通にしていろ！
君にそんなことできるはずがない！

「常識」という名の障害物を必死で乗り越え、
傷だらけでたどり着くスタートライン。
まだ、僕は何も成し遂げていない。

地方の「普通の家庭」に生まれ、
ロールモデルもなく、
経済的にも苦しい想いをしてきた、
そんな僕もスタートラインに立ったというだけだ。

レースの本番はこれから。
でも、僕はこのレースを走ることができる。

目の前に道はなかった。
でも、必死に進んだ後には小さな道ができ、
仲間や後輩たちが続いてくれている。

これは、僕がスタートラインに立つまでの物語だ。

カバー写真　Getty Images
ブックデザイン　吉田考宏

プロローグ　スタートラインに立つために

「本を書きませんか？」

Yahooニュースにゲオホールディングスでの取り組みが掲載された数日後、出版社から連絡があった。

僕自身、幼い頃から本が大好きだったし、いつかは本を書きたいと思っていた。でもそれは「いつか」の話だ。編集者の方と話してから2か月近く、何を書いたらいいのか、そもそも書くべきなのか、答えを出せずにいた。


「早すぎない？　もう少し後のほうがいいのでは？」

そんな言葉をかけられると、今回ばかりは僕もそう思う。まだ、何も成し遂げちゃいない。「たいしたこともないくせに生意気な！」そんなコメントがＳＮＳでたくさん寄せられるであろうことは容易に想像できた。

ただ、これまでもメディア取材などを受ける中で、僕自身の辿ってきた道が、思っているよりも多くの人に元気を与えていることも知っていた。記事を見て進路が変わった、と連絡をもらうことも少なくなかった。

成功者の「自伝」は書店に多く並んでいる。僕も何冊も読んできた。ただ、どれを読んでも、生まれながらに成功が約束されたかのような「きれいなストーリー」が多い、と思う。人生を切り拓くための確固たる人生戦略があったり、普通では考えられないような稀有な才能があったり、要は「普通の人じゃない」ストーリーだ。そこにある失敗談も「きれいな失敗」ばかりで、あまり共感できない。どんな「自伝」を読んでも、憧れはするけれど、自分がそうなれるなんて、とても思えない。読み終えて思うことは「あなただからできるんでしょ」。少なくとも、僕にとってはそうだった。

僕は、三重県伊勢市で高卒の両親のもとで育った。決して裕福ではなかった。塾には行ったこともない。大学進学後は仕送りがなかった。あまりにお金がなくて、何度も一人で泣いていた。そんな僕も、セミの自由研究で内閣総理大臣賞を受賞し、夢だった世界大会に行くことができた。東京大学に進学し、孫正義育英財団の1期生に選ばれ、上場企業で科学的アプローチ推進を進めることができるようになった。手ごたえもある。でも、僕はまだ何も成し遂げていない。これから成功する保証なんてどこにもない。

ただ、僕はスタートラインに立った。

道半ばの僕でさえ、メディアに取り上げてもらうことがある。褒めてもらえるのは嬉しいけれど、なんだか変な気持ちになる。

「それは矢口君だからできるんだよ」

そんな言葉をかけられることが増えていった。

でも、本当にそうなんだろうか。


違う。


人には言えないような恥ずかしい失敗、悔しいこと、惨めな思い、そんな経験ばかりだったじゃないか。そんな中でもあきらめず、「藁をも掴む」想いで必死にもがいて、なぜだか転がり込んできた幸運の積み重ねで、今やっとスタートラインに立てたんじゃないか。

きっと、世の「成功者」だって、そうだったんじゃないのか。

僕たちは成功者の「成功」を知っている。後からもっともらしい理由はいくらでもつけられるし、「天才だったから」と片付けてしまうこともできるけれど、本当はただただ、何度も繰り返し打席に立った結果、成功を掴んだ人もたくさんいるんじゃないのか。

この本を書くか悩んでいた時、幼い頃から父に何度も聞かされていた話を思い出した。実業団のアスリートだった父は、引退後に指導者としても多くの選手を育ててきた過去があった。

「もし自分が何かの道で努力をし、幸運にも恵まれたのなら、それを自分のものだけにしたらあかん。後に続く人が、自分よりも良い結果を残せるよう、道を作らなあかん。自分が苦しかったこと、もっとこうだったら、そう思うことがあるなら、それを整えてやるんや。だから、お父さんは自分の記録が破られたとき、今の若い人がお父さんよりずっといいタイムで走るとき、嬉しい気持ちになるんやで」

ふるさと三重にいた頃の僕にとって一番足りなかったこと、それは真似ができる先輩や仲間が身近にいなかったことだ。今の自分とあまりに遠い、既に「成功者」になった大人ではなくて、少し手を伸ばせば届くかもしれない、そんな身近な目標だ。もし、あの頃の僕を勇気づけ、真似ができる何かを届けられるとしたら、どこかの「成功者」ではなくて、何者でもないスタートラインに立ったばかりの今の僕なんじゃないのか。

たくさんのご批判とお叱りを受けることも覚悟している。正直怖い。「調子に乗るな！」「偽善だ！」、そんな声が聞こえてくる。でも、あの頃の自分にこう言われる気がした。

「どうやったらそうなれるん？　僕にもできるん？　本当のこと教えてよ。自慢とかいいから。どうやってやったん？　僕はどうしたらええん？　僕、全然わからへんのや…」

周りに「お手本」は1人もいない中、僕はずっと、ずっと考えていた。

「どうしたらええん？　誰も教えてくれへん」

必死に自分の道を拓くために、ずっと、ずっと考えていた。

そうだ。

そのときの僕は、ありのままの挑戦のストーリーが知りたかったんだ。ちゃんと自分で実感できる、その場の空気が、温度や湿度が伝わるような、自分と地続きの、そんなストーリーが知りたかったんだ。ビジネス書にあるような、既に「成功者」になった手の届かない人の話じゃなくて、「未来の自分」として思い描くことができる、そんなストーリーだ。

この本で、勇気を出して挑戦したこと、失敗したこと、困ったことを書いていきたい。人には言えないような恥ずかしい失敗も隠すことなく、ありのままに書こうと思う。

スタートラインに立ったばかりの僕が「本を書く」ことに意味があるとすれば、そんな等身大の偽りのないこれまでを、誰かが参考にできるケーススタディの一つとして、かつての僕のような人たちに届けることだと思う。

この本のストーリーは再現性のある話ばかりではないし、たくさんの幸運に恵まれた結果のものだ。あくまで、ある時期に、ある地域で、矢口太一という人間を通して起こった結果でしかない。

ただ僕は、道を拓こうと何度も手を挙げ続け、打席に立ち続けた。そんなアプローチの中に一つくらい、想いが伝わる部分があるんじゃないか、そう信じている。

そして、この本では決して、「エリートコース」や、裕福な家庭の批判をしたいわけではないことは、最初に断っておきたい。どんな家庭に、どんな地域に生まれても、スタートラインに立つことができる人が一人でも多くあってほしい、あるべきだ、という想いが根底にある。恵まれた環境の人たちを批判しても何も変わらない。

だから、この本を読んだ後に「エリートコース」や裕福な家庭を批判するような考えを持ってほしくはない。きっと誰しもが、自分の子どもに、より良い選択肢を、と願っているはずだ。僕だってそうだ。社会経済的に優位で、その多くを実現できた人や家庭を批判するのはおかしい。

問題意識を向けるべきは、そうでない環境に生まれた子どもたちが、自分の能力を最大限発揮する機会に恵まれないことであり、自分の努力と才覚だけでは、レースのスタートラインにさえ立てないことがある、という事実だ。

「教育格差」に関する指摘や議論はなされている。僕自身もそうした社会の構造を少しでも変えて、どんな社会経済事情のもとに生まれても、誰もがスタートラインに立ち、人生を切り拓いていける未来に貢献したい。それが僕の人生の大きなテーマの一つだ。

ただ、当の本人たちからすれば、僕たちがそうした議論をしている間にも日々は刻々と過ぎていく。誰かの真似でも、不格好でも構わない、綺麗ごとなんて抜きに、とにかく何とかして、「自分が」スタートラインに立つために動き出すしかない。

このレースはおかしい！　そう気づいても、いくらそのことに声を上げても、その瞬間を生きる「僕の人生」は変わらなかった。自分の今を変えたければ、僕たちの未来を変えたければ、何としてでも「自分自身が」まずスタートラインに立つしかない。


この本が、どこかでスタートラインに立とうともがく、かつての僕のような誰かにとってのケーススタディの一つになってほしい。

あなたが心の灯を絶やさずに、ひたすら打席に立つために、少しでも役に立てるなら…、そんな想いで書き進めようと思う。


そして、この本は僕にとって、幸せに生きるということと向き合う機会でもある。

これまで僕は喜怒哀楽の「怒」のエネルギーに頼ってきた部分が多かった。

大学進学後、お金がなく、惨めで、悔しくて何度も泣いた。

絶対に見返してやる…、こんな想いをする人を一人でも減らすんだ…、そう思って生きてきた。

確かに「怒」のエネルギーは、僕を進める原動力になってきた。でも、セミの研究を始めた小学校5年生の頃の自分は「喜」や「楽」が原動力だったはずなのだ。

「なんやこれ！！　めっちゃ面白い！！」そんな感動が僕の原動力だった。とにかく、楽しかった。

これからの人生を生きていく中で、僕自身が何を原動力として生きていきたいのか。そして、こんな僕をロールモデルの一つとしてくれるかもしれない後輩たちに、どんな姿を見せたいのか。そんなことも考えながらこの本を書き進めている。

目次

2章　東京に行くぞ！

3章　祖父母のお金

4章　働かせてください

1章　「東大なんか行けるはずがない」と先生は言った

田舎の少年

僕たちの世界には、塾も受験も存在しない。

小学校から1時間ほどの通学路を歩いて帰ると、宿題を放り投げて、日が暮れるまで遊んだ。公園で草野球をしたり、空き地に生えた雑草を抜いては投げて距離を競ってみたり、初夏には田んぼでオタマジャクシやホウネンエビを採っては水槽に入れてずっと眺めていた。日が暮れて辺りが暗くなり始めると急いで家へ帰った。

そんな時間がただゆっくりと流れていた。

三重県伊勢市で自営業の父と保育士の母のもとに生まれた。5人家族で小さなマンションに暮らしていた。子ども部屋なんてないし、24時間いつも半径2m以内には誰かがいる、そんな生活だった。

両親は二人とも高卒だったし、祖父母含め一家に「大卒」はいなかった。両親は普通科高校出身でなかったし、大学受験の経験もないからか、「勉強しなさい!」と言われたことはない。塾に通ったこともなかったし、陸上クラブを始めるまで習い事にも行ったことがなかった。付録欲しさに何度もおねだりした「進研ゼミ」も、「宿題やってないじゃないの」と、ついぞやらせてもらえなかった。

そんな僕に、一つだけ自信があったのは「かけっこ」だ。

父が元自転車選手で、叔父は元陸上選手というスポーツ選手一家だったこともあり、いわゆる「運動神経がいい」タイプだった。

「かけっこ」に誇りを持つ僕のような少年たちにとって、1年で一番のイベントは秋の運動会だ。僕の通った明野小学校は1学年約80人。かけっこの最後の組は学年で一番足の速い6人が集められる。そこで1番でゴールすれば「学校で一番足が速いやつ」だ。

そして、クラスから2名選ばれる選抜リレー。1年生から6年生まで1人ずつでチームを組み、リレーを走る。この2種目が僕にとって、その年一番の大舞台だった。

その運動会のかけっこではいつも最後の組で2着か3着だった。なかなか1番になれなかった。最終種目の選抜リレーでは絶対に後ろから抜かれないことが譲れない一線だったし、「何人抜けるか」が僕の命だった。

とにかく、勝負事には一生懸命で、小学校5年生、6年生のかけっこで負けたときは、一人運動場の隅っこで大号泣していた。全校生徒の中でも一番くらいに、「かけっこ」に命を懸けていた。


小学校5年生の冬には、伊勢で暮らした18年間で最初で最後の習い事を始めていた。陸上競技のクラブだ。といっても地域の強豪クラブではなく、放課後クラブのような弱小「かけっこクラブ」だった。年会費は数千円程度。種目はかけっこ少年の花形種目100mを選んだ。小学校時代は、県大会で10番前後で、決勝には乗れないくらいの順位だった。

勉強は得意なほうだった。「得意なほうだった」といっても、そもそも地元の明野小学校では、教科書やドリルについている「確認テスト」を単元ごとに受けるだけで、勉強の順位なんてつかないし、テストの点数を見せあうくらいだった。だいたいその「確認テスト」が90~100点辺りを取ることが多かったから、「得意なほう」と思っていただけだ。

ただ、漢字の50問テストがどうしても苦手で、50点を取れるまで何度も再テストを受け、4回目くらいで何とか合格するみたいなことを繰り返していた（4回目ともなると、クラスで僕を含め2～3人くらいのもので、昼休みにこっそり答えを見ながら解いたりしていた）。

英語のアルファベットを全部書いて覚えたのは中学校に入ってからだし、学校の授業と宿題以外の「勉強」はしなかった。「普通の田舎」では、当たり前のことだ。

そんな僕には、他にも特徴があった。周りの意見がどうであれ、自分が頭で考えて正しいと思ったことは曲げない、ということだ。そして、「僕はできるんだ！」という根拠のない自信があった。

だから、周りの雰囲気に合わせて…ということがどうしてもできなくて、「僕は違うと思う」と一人だけ別行動をとったりすることも少なくなかった。

そんな僕についたあだ名は「ジコチュウ」だ。同じく「ＫＹ（空気読めない）」というあだ名も拝命したりした。学校は楽しかったし、友達もいたけれど、何かの拍子に自分の意見を曲げずに周りと対立するということが多々あった。

こんな調子なので、小学校時代の学級委員の選挙にはずっと落ちていた。けれど、必ず毎回立候補していた。

そんな僕の人生が変わるきっかけは、小学校5年生の夏休みにやってきた。

セミとの出会い

晴れだ。灼熱の太陽、セミの鳴き声、大きな入道雲、どれをとっても辺りには生命力が満ちている。そんな夏の日だ。

虫網と虫籠、水筒を入れたリュックを背負って、僕は自転車にまたがった。

「行ってきまーす！！！」

通学団の友達たちとの「明野探検隊」の約束がある。近所の山へ宝物（虫や木の実）を探しに行くのだ。約束の集合場所で「隊員」たちと合流すると、僕たちは近くの山へ自転車を走らせた。

しばらく行くと、小学校で芋を育てている大仏山のふもとに着いた。

「おい！　ここにでっかいミミズがおるで！！！」と僕が叫んだ。

水が流れる用水路の底に溜まった泥に、大量発生していた大きな謎のミミズ（らしきもの）を見つけたのだ。

「やば！　めっちゃおる！！」慌ててみんなが駆け寄ってくる。

どんぐり、名前も知らない木の実、いろんなものをリュックと虫籠に入れていった。しばらくして自転車を走らせていると、誰かがこう叫んだ。

「ここの木で父ちゃんとカブトムシ採ったんやで！」

「俺はここでクワガタ採った！」すかさずもう一人が声を上げる。

いつも遊んでいるはずの近所の山は、何度行っても新しい発見がある。近所の自然は僕たち少年にとって「宝の山」だった。

夏本番、木にはたくさんのセミの抜け殻がくっついていた。僕は、目に入った抜け殻を全てリュックに放り込んでいった。

2～3時間もすれば、僕たちは全身を蚊に刺され、水筒の中身もほとんどなくなっていた。

疲れが出てきた僕たちは、山の頂上の展望台のベンチで休憩がてら作戦会議を始めた。

「次はあっち行ってみようぜ」

夏休みが始まった高揚感と「探検家」のワクワク感が僕らを包んでいた。

次の探検の日時を決めて、今日の探検はここらへんで終えることにした。蚊に刺された足の痒さがもう我慢ならない。早く「隊員」の家に行って、虫刺されの薬を塗らなくてはいけない。

帰り道、「隊員」の家にみんなで立ち寄ると、「隊員」のお母さんが出てきた。

みんなで戦利品を披露しあう。

「太一くんは何を採ってきたの？」と「隊員」のお母さんが僕を見た。

「僕はこれやで」

僕はリュックのチャックを自慢げに開けた。リュックの中は、ニイニイゼミやアブラゼミ、クマゼミの抜け殻で溢れんばかりだ。

「すごいなあ、こんなに採ったんや！」

「うん。いろんな形の抜け殻があったんやで。ほら、形が違うやろ。オスとメスではここんところが違うらしい」そう言って僕は抜け殻を比べてみせた。

「ほんとやなあ！　太一くん、せっかくなら抜け殻を自由研究にしたら？」と何気なくお母さんが言った。

「確かに。やってみようかな…」


家に帰ると、僕は新聞紙を広げ、その上にリュックの中身をあけた。優に100個はある抜け殻を一つ一つ並べ、眺めてみる。大きい抜け殻も、小さくて泥がついている抜け殻もある。何が違うんやろ？　図鑑を横に置き、一つ一つ比べてみる。

夏休みの宿題は最後の1週間で慌ててやる、そんなタイプだった僕は、もちろんこれまでの夏休みの自由研究も最後にパパっとやって終わりだった。

小学5年生の夏休み。こうして気づけば初日にして自由研究が始まっていた。

「セミの研究をどうして始めたんですか？」

これが、これまで何度も聞かれた質問の答えだ。特に理由なんてなくて、気づけば始まっていた。

「明野探検隊」の「探検家」として高めのテンションが残っていた僕は、あまり深く考えずに、毎日大仏山にセミの抜け殻を採りに行こう！　と決めた。

　それから、自分で自転車を漕いだり、母に車で連れて行ってもらったりと、とにかくほぼ毎日、近所の山にセミの抜け殻を集めに行ったのだ。セミの抜け殻を採りに山に入ると、体中を蚊に刺される。あちこちかきむしりながら、毎日せっせと抜け殻を集めた。

　マンションの床に紙を拡げ、セミの抜け殻の数を、学校の教科書で見たグラフを思い出しながら、せっせと描いた。

　牛乳パックや段ボールを切り貼りして、特製のセミの抜け殻標本も作った。

「この時期はニイニイゼミが多いけど、今度はクマゼミが多くなるんか…」

　誰も知らない近所の山の秘密の一つを、セミの抜け殻の秘密を、模造紙にまとめる。そんな気分だった。

「すげー、同じセミでも、種類が違うと羽化の時期が違うんや」

　今とは違い小学生はスマホを持っていない。夏休みの前半は、学校帰りに遊ぶ約束をしているけれど、遊ぶたびに次の約束をしないと、少しずつ遊びの約束がなくなっていく。「明野探検隊」も数回で自然消滅していった。誰に言われるでもなく、「明野探検隊」の「探検家」の僕は夏休みの自由研究を夢中で仕上げ、その年の夏休みが終わった。

科学賞

夏休み明けの登校日初日。僕はこの夏の「探検」の成果を学校に持っていった。セミの標本と模造紙だ。学校まで運ぶ途中で、標本が壊れてしまわないかを気にしながら、慎重に、慎重に運んでいった。

夏休みの宿題を提出してしばらく経ったある日。担任の先生から、自由研究を出展した、と伝えられた。どうやら、クラスから2作品程度が伊勢市の科学創作展という市内の各小中学校の自由研究を集めた展示会出展用に選ばれるようだ。よくわからないけれど、「探検家」としての成果が認められたみたいですごく嬉しかった。

9月の週末に伊勢市の科学創作展を家族で見に行った。会場には、各校の自由研究がたくさん展示されている。

「うわー、いっぱいあるなあ」

自分の研究がどこに展示されているのだろうか。家族と会場を歩き回った。

あった！　明野小学校の研究が集められているブースだ。僕のセミの研究の模造紙もそこに展示されていた。

「あれ？　なんか貼られとるぞ？」模造紙に何か紙がついていた。

「科学賞」

んん？　なんだこれ！？　辺りを見渡すと、まばらではあるけれど、同じ「科学賞」の紙がついている作品がある。どうやら、優秀賞的な作品に選んでもらったみたいだった。

「やった！　何かよくわからんけど、賞もらえたぞ！　やった！！！」

何のことだかよくわからないけれど、とにかく何か「賞」がもらえたということで、大喜びだった。

とはいえ、セミがいるのは夏の間の短い期間。何気なく始めた自由研究のテーマにすぎない。また普通の日常に戻っていった。

セミの秘密

そしてまた小学校6年生の夏休みがやってきた。

小学校5年生の冬から陸上競技を始めていたので、去年とは違い、週末の練習に行くことが生活の中心になっていた。日常の生活に陸上競技が現れたことで、「明野探検隊」で走り回っていた1年前とは打って変わって、陸上の練習以外は静かな夏を過ごしていた。

結局いつも通り、学習ドリルなどの宿題や自由研究にも手を付けないまま、夏休みも残すところ10日ほどになっていた。父の町工場の事務所で、母の言葉を借りれば「いもむし」みたいに床にくねくね転がって、ただ時間が過ぎるのを待っていた。

「太一、宿題とかは終わったんか？　自由研究もしてへんのか？」と父がふと声をかける。

「うーん。自由研究してないな」と僕は返事をした。

「どうするんや？」

「うーん、去年セミやったし、他のテーマ考えるのめんどくさいから、セミつかまえてなんかやってみるかなあ」と僕は深く考えずに返した。

「お父さんがエクセルの使い方教えたるから、グラフとか描いてみたら、ええんとちゃうか?」

「エクセルって何?」僕は父のパソコンの前に向かった。

「ほら、こうやって縦に数字を入力してみるやろ。例えばこれが体重な」と父が思いつくまま数字を入力していく。

「うん、40kgの人、52kgの人…って感じやな?」と僕は続ける。

「そうそう。この列は『体重』やな。じゃあ、その横に『身長』を入れてみるぞ。40kgの人の身長は、うーん、150cmにしようか」と父が話を進めていく。

「わかった。じゃあ残りの人も適当に僕が書いてみるわ」僕は思いついたまま身長の値を入力していった。

「じゃあ、これでこのボタンを押すと…どうや? グラフ描けたやろ?」と父がグラフを描いて見せた。

「おお、なんか教科書で見たことある感じやな。そうか! これをセミで描いてみるんやな！　…ということは、なんか2つ測ってみやなあかんのか！」

「そうそう。セミ採っておいで。測るのに工場にある道具を使っていいからな」と父が言った。

「わかった！　セミ採ってくる！！！」僕は虫網を持って外に勢いよく出かけて行った。


1時間ほど経った。

「ただいまー」明らかに元気をなくした声でドアを開ける。

「なんや、採れへんだか？」と父がこちらを振り返った。

「セミ全然おらへんだわ。去年も抜け殻、この時期は少なくなっとった。思い出した」

せっかく暑い中探し回ったのに成果がなく、僕はわかりやすく落ち込んでいた。

僕はまた「いもむし」みたいに床に寝そべって、ゴロゴロし始めた。

しばらくすると父が「いもむし」になった僕に声をかけた。

「お父さんが車で乗せたるで、セミがおりそうなところ行ってみようか」

僕は疲れてしまって、あまり乗り気ではなかったけれど、父に乗せてもらうことにした。

近くの市民球場の周りの駐車場に生えている木に狙いを定めた。1時間くらい走り回り、へとへとになりながら何とか5匹くらいを採ることができた。

そんなこんなで、セミを採って父の工場に帰ってきた。とりあえず、セミの体重を測ってみることにした。あともう一つ値がないと、父に見せてもらったようなグラフが描けない。

「あのさ、翅（はね）の面積とかって測れへんかなあ？」と父に話しかけた。

「そこのコピー機で翅スキャンしてみよか」

実際にスキャンしてみると、パソコンにセミの翅が映し出された。

「じゃあ、翅の周りをこうやってポチポチ点を打って囲んでみな」と父が実際にいくつか点を打ってみせた。

ポチポチと点を打つと、翅の面積の数値が表示された。この作業を繰り返し、僕は体重と翅の面積の数値をエクセルに入力し、「面積」と「体重」の列ができあがった。

他にもいろいろと測ってみたりしながら、思い思いに覚えたばかりのグラフを作っていった。

「すごい…こんなグラフが描けるんか！　理科の教科書で見たグラフにそっくりや…セミでこんなグラフが描けるんか…」

今振り返れば、物理の分野のようなグラフが、生物で描けるのか！　ということに感動したんだと思う。無秩序な、はたから見れば決して法則性などないようなセミに、こんな法則が隠れていたなんて！！！

「すごい…これ…俺しか知らん秘密や…すげえ…」

今この世界でこの秘密を知っているのは（きっと）僕だけなんだ。誰も知らない秘密を見つけられたんだ。この時のワクワク感、高揚が、その後を大きく決めた、と今になって思う。

「すごい！　すごい！　めっちゃ面白い！！！」僕は気づけばパソコンに張り付いていた。学校で習ったいろいろなグラフを描いてみたり、まだ残っていたセミを測ってみたり、夢中になっていた。

「自分だけが知っている秘密」を僕は残り1週間で一気にまとめ、夏を終えた。

休み明けの登校日初日。僕は今年もセミの自由研究を学校に持っていった。去年、伊勢市の科学創作展の作品に選ばれ、科学賞をもらうことができていたから、「今年ももらえるかな」と期待は膨らむ。

そして、1週間ほど経ったある日。今年も晴れてクラスの2作品に選ばれ、科学創作展に出展されることが、クラスの黒板に張り出されていた。

「やった！　今年も選ばれたぞ！！」

9月のある週末、今年も家族で展示会場を見に行った。去年の記憶をたどり、明野小学校の作品が展示されているブースに足早に向かう。作品のもとに向かうとき、陸上の試合とは少し違ったドキドキがあった。

あった。僕の研究が展示されている。

「科学賞」去年と同じ紙が貼ってある。

「やった！！！　今年ももらえた！！！」

夏休みに学校の友達や先生が知らないところで僕が見つけた「秘密」を褒めてもらえたことが何より嬉しかった。

こうして、少しずつ自分にとって「自由研究」が持つ重みが増していったように思う。ただ、セミはひと夏だ。去年と同じく、夏が終わればまた、いつもの日々に戻っていく。

陸上大会

小学校生活で、科学創作展に加えてもう一つ大きなイベントだったのが、10月に伊勢市内の小学校6年生の全員が集まって行われる陸上競技大会だ。県大会などが行われる競技場が伊勢市にあるため、運動靴をスパイクに履き替え、各校で選ばれた選手が100mやリレー、走り幅跳びなど各種目を競う。伊勢市で誰が一番「かけっこ」が速いかを決める！　そのことにかけっこ少年が燃えないわけがない。父が明野小学校に通っていた時からもこの大会が開かれていること、父もその時に走り幅跳びで入賞したことを聞かされていた。

自分の通う小学校以外の児童と触れる機会などほとんどないが、塾に行っている友達からいろんな情報が駆け巡る。

「〇〇小の〇〇君はめっちゃ足速いぞ。太一でも勝てへんやろ」

なにくそ負けるもんか！　という気持ちと同時に、みんなの前で誰が速いかが百分の1秒単位で明確に示されるのだから怖さもある。


100mには各小学校から3名まで出場できる。放課後、我こそはと「かけっこ」に自信のある6年生が集まって、一発勝負の50m走で決めることになった。その日は給食もうまく喉を通らない。授業中も上の空だ。

放課後、15人くらいが放課後に一斉に集まった。先生が白い線をスタートとゴールに引いていく。ちょっと線が斜めなんじゃないか？　とか、こっちは運動場がでこぼこしてないか？　というスタート前の陣取り合戦が始まる。

「よーし、そろそろやるか」

先生が呼びかけた。

心臓がどくん、と波打った。

「位置について！　よーしいいかー！　準備できてるなー！」

ごくん、と唾を飲んだ。

「よーい、どん!」

みんながスタートラインから一斉に走り出す。

少し走ると、視界に誰も入らなくなった。

白線が目に入る。

やった!!!

1番でゴールした。無事に100mの選手だ!!

選手に選ばれたメンバーは、本番まで放課後に居残り練習を重ねた。日の入りの時間が練習を重ねるごとに早くなっていく。秋が深まっていくとともに大会の本番が近づく。


10月、秋晴れの日。本番だ。

小学校から出発したバスを降りる。県大会でも走った競技場だ。

100mは各校の選手がランダムに組に振り分けられていて、一発勝負のタイムレースだった。

招集を終え、スタートラインに向かう。1組目の号砲が鳴った。2組目、3組目と号砲が鳴っていく。自分の組が来た。スタートラインにつく。

「よーい、どん!」

結果は自己ベスト。全体で3位だった。

1番ではなかったけれど、かけっこ少年は満足だった。

振り返れば、こうして「かけっこ」で活躍できたことが、自分自身への自信につながったのだと思う。全く根拠も何もないけれど、「足が速い」ということを理由に、「自分は頭がいいに違いない」「自分はやればできるに違いない」というぼんやりとした自信や自己肯定感が生まれたこと、これが自由研究や日々の勉強にいい影響があったのは間違いない。

東京大学に行くぞ!

「東京大学に入学する」

小学校の卒業文集の「人生年表」には、「社長になって10兆円売り上げる!」「100mでインターハイと国体優勝!」だとかそんな夢に加えて、こんなことを書いていた。入学する年齢は19歳と書いてあって、浪人する想定だったの？　なんて今となっては思うけど、単なる計算ミスだ。

ただ、あくまで「スポーツで日本一になるぞ！」という意気込みと何ら変わらない。具体的に何か勉強を始めていたわけでもないし、具体的なイメージなんて持っていなかった。そもそも東大生なんて見たこともない。両親も高卒だから、大学というところは何やら難しいことを勉強するところだ、ということくらいしか知らなかった。

三重県伊勢市に住んでいた、少しかけっこの得意な小学生だ。僕の世界でできることは、陸上競技の練習を頑張ること、学校の宿題を怒られない程度にやること、それくらいだ。

小学校を卒業し、小学校からすぐ近くの小俣中学校に入学した。明野小学校と、近くにある小俣小学校の児童が入学する、一学年１６０人程度の公立中学校だ。

当時はそんなことは一切知らなかったけれど、三重県南部の進学校である県立伊勢高校には、伊勢市だけでなく県南部の自治体から生徒が集まってくる。その伊勢高校から東京大学へ進学するのは例年1~2名程度だ。三重県南部の何十校とある中学校からの進学者全員の中で1~2名なのだから、東京大学に進学するような生徒は、出身中学校ではダントツ1番だよね、と考えるのがごく自然だろう。

そんな中、仲間同士の切磋琢磨の結果もあってか、僕が東京大学に進学して以降、僕の代を含めた4年間で小俣中学校から伊勢高校を経て東京大学へ5名が進学している。みんな親友や顔見知り同士だ。お互いの頑張りに刺激を受けて、「僕も、私もできる!」と「勘違い」を重ね、それが現実になってしまった。そんな事例なのだと思う。

僕たちが育った地域では、東京大学はおろか、いわゆる難関大学に進学する人は周りにほとんどいなかった。少なくとも僕は高校に進学するまで聞いたことがなかった。そんな大学があることさえ知らないから、僕たち少年にとって、そもそも現実的な目標にはなりえない。

ただ、僕は小学校高学年の頃から「すっげえやつになりてえなあ。日本で1番になりてえなあ」そんなことを思っていた。理由なんてない。

そんな流れで「東京大学行きてえな」といつからか自然と思うようになった。田舎の小学生でも「東京大学」という大学があることは知っている。「一番賢いところに行きたいなあ」「日本一の大学に行ってみてえなあ」、そんな淡い「思い違い」だ。

東京大学なんて行ったこともなければ、東大生なんて会ったこともない。そもそも両親も高卒で、祖父母含めて一家で大学に行った人はいない。どうすれば行けるか？なんて知る由もなかったし、ただ心に「行きたいな」とぼんやり思い始めただけだ。

僕は念仏を唱えるように、洋楽のフレーズを意味もわからず口ずさむように、事あるごとにこうつぶやいていた。

「東京大学に行くぞ！」

平凡な成績

中学生活が始まり、クラスメイトの顔と名前を覚え、少し打ち解け始めた5月。初めての定期試験を迎えた。塾に行っていない多くの生徒にとって、試験で「学力」を測られ、人生で初めて「順位」を突きつけられる機会だ。

入部した陸上部の練習もテストの1週間前から休みとなり、テスト期間に突入した。

ここで、問題が発生する。テスト範囲というものが全員に配られるわけだが、その範囲をどうやって、どのくらい勉強するか。塾に行っていれば、周りの友達や塾講師の助言がその基準になるのだろうけれど、学校に行って帰ってくるだけの僕にとってその基準はない。どれくらいやれば「頑張った」ことになるのか、どのようにやるのが「正解」なのか、がわからない。年長の兄弟がいればそれがまた基準になるかもしれないが、3人兄弟の一番上だから、一家にとっても初めての定期試験だ。僕はとりあえず「一生懸命」勉強をして試験に挑んだ。

僕は将来東大に行くのだから、中学校での試験はきっと1番か、せめて2番3番くらいは取れないとだめなんだろうな。そうぼんやり思っていた（ある意味でそれは正しい見込みではある）。これまで、根拠のない自信が「東大に行く！」という言葉につながっていたけれど、ここで初めて、僕にその「資格」があるのか、明確に示される。

一通り試験を終え、各教科の授業で採点された答案が返却されていく。周りの仲がいい友達同士で答案の点数を見せあう。

「あれ、思ったよりみんな点数いいな…」

クラスの中でも僕より点数が良さそうな人が何人もいた。

「全然1番どころやないやん…」

多分1番か2番と想像していたのとあまりに違う結果に呆然としていた。クラスの中で見せあった友達の中だけでも4番目くらいだったのだ。

各教科の答案の返却が終わり、しばらくして、各教科と5教科での順位が印刷された紙が先生から配られた。

約160名中30番という順位だった。

「東大行きたいんやけどなあ…僕ってもしかして、そこまで頭いいわけじゃないんやろうか…」

それからの毎日は「僕って頭いいわけじゃないんやろうか」という問いが頭の中をぐるぐる回っていた。

「かけっこ」で自信を保っていた自分にとって、いざ蓋を開ければ出てきた「平凡な成績」にかなり戸惑った。少なくとも将来東大に行けるような成績では決してない、と思った。よくよく考えると自分が「頭がいい」保証ってないんだよな…。

陸上競技に取り組むときはいつも、陸上選手だった叔父や自転車選手だった父が僕の心の支えだった。きっと僕には可能性がある、「今はダメでもきっと結果を残せるはずだ」と信じることができていた。

ただ、自分の両親や祖父母の昔話を聞いても、「勉強ができた」という話は出てこなかったし（「スポーツができた」という話はたくさん聞いてきたけれど…）、両親が賢い大学を出ていたなら「僕もできる！」と思えるけれど、そういう安心材料は見当たらない。そもそも両親は普通科高校を出ていなかったし、勉強をする家では決してない。勉強ができる「資格」はないのかもしれない、そう思った。

勉強でもスポーツでも、努力を続け、試験や試合といった「打席」に立って挑戦し続けるには、「自分はきっとできるんだ」という明るい希望や信念が必要だと思う。1打席目で結果が出て、その後も難なく結果を出し続けられるなら話は別だ。ただ、そう簡単に行くことはめったにない。良い結果が出なくとも、「自分には可能性があって、努力すれば必ず芽が出るはずだ」と思えなければ、努力なんてできない。僕が育ったのは、父が元自転車選手で、叔父が陸上の全国大会の優勝者という家庭だった。そういう意味で、１００ｍで県大会の決勝には乗れていないけれど、きっといつか活躍できる日が来るに違いない、と信じて頑張ることができた。ただ、勉強に関しては そういった自分の可能性を信じる「何か」はほとんどなかった。

可能性はあるか？

そして約1か月半後の6月。2度目の定期試験がやってきた。

「この試験でいい点数じゃなかったら、今度こそ本当の本当に僕は東大なんか行く『資格』はないんかもしれん」

僕はどれくらい頑張ればいいのか、どうやって勉強すればいいのか、そんなことはまだ何もわからなかったけれど、「前回よりも時間をかけよう」と決めて取り組んだ。この試験は僕にとって、「資格」があるのか、勉強の道で頑張れる可能性があるのかを証明する場だった。両親や兄弟、仲良くしている友達のお兄ちゃんやお姉ちゃんが有名大学卒だから…そんな「君は目指す資格があるよ」というパスポートを与えられていない僕にとって、自分に「資格」があるということは自分自身で証明するしかないのだ。

いきものがかりの曲をかけながら、僕は黙々とドリルを繰り返した。

試験日。前回よりも各教科の手ごたえはいい気がした。

数日後、各教科の答案が返却されていく。クラスメイトと点数を見せあうが、今回はどうもいい点数が取れているようだった。

「もしかしたら、いい順位取れとるかもしれん…」かすかな期待がよぎった。

試験が終わって2週間ほど経ち、先生から順位表が配られた。

結果は全体の5位。

「やった！！！！！　前よりもだいぶいい順位になったぞ！！！」

中学校に入る前の1番か2番くらいという期待にはまだ及んでいないけれど、もしかしたら僕にも「資格」があるのかも、そう信じることができる結果だった。

「もしかしたら僕、可能性はあるんかな」

陸上競技と同じように、勉強も頑張ってみてもいいのかもしれない。自分の可能性を信じてみよう。そう思えた。

その後、中学校生活で何十回と試験があったが、いつも大体一桁台をうろうろする感じで、一度だけ1位を取ることができたという程度だった。中学校で「天才」として、いつも1番を取っていた人は別にいたし（彼は今も僕の大切な親友だ）、あくまで「頭のいいやつの1人」くらいの立ち位置だった。中学時代はむしろ陸上競技中心の毎日で、定期テスト前の2週間は一生懸命テスト勉強をして、夏休みはセミの研究を頑張る、そんな3年間だった。塾には行っていなかったから、テスト期間以外の日々は家で宿題を最低限こなすだけで、通信教材だとか、何か参考書を買ってくるとか、そういった特別な勉強は一切なかった。何しろ勉強をすることの基準となる人が家族や周りには誰もいなかったから、僕は中学校の授業が唯一の基準だった。「学校の授業は進度が遅いから通信教材で勉強を進めておこう」なんて頭に浮かんだことさえなかったのだ。

夏はセミをやる

中学に入学して初めての夏休み。夏休みの最初にあった陸上の県大会では、準決勝で敗退。そこからも変わらず陸上部の練習には参加して夏休みを過ごしていた。

夏休みの宿題はドリルなどに加え、中学1~2年生には小学校の頃と同じく自由研究が課されていた。「科学賞」を小5、小6でもらっていたことで、自分の中で「自由研究は頑張る」と自然と決まっていた。

「すごい…こんななグラフが描けるんか!」

1年前のグラフの記憶が今も鮮明に残っている。きっとまだまだいろんなグラフがセミで描けるだろう。今年もセミで「新しいグラフを描いてやるぞ!」と、自由研究のテーマは自然とセミに決まっていた。

去年、夏の終わりにセミがなかなか採れなかったことを覚えていたので、今年は早めにセミ採りに向かった。いざ、いろんな重さ、長さ、面積を測ってエクセルで新しいグラフを描いてみるのだが、去年のように綺麗なグラフが描けない。

「あれ…? おかしいなあ。あんまり面白いのが見つからんなあ…」

思いつくだけ測ってグラフを描いても、去年のような面白い曲線が現れない。「なんでもグラフにしたら面白いのが描けると思ってたけど、そうじゃないのか…」

去年のような興奮はあまりなかったけれど、「宿題」として提出しなくてはいけない。この夏に一通り描いたグラフなどを模造紙にまとめた。

この年も伊勢市科学創作展の作品に選ばれ、「科学賞」を受賞した。この年の自由研究は個人的にもあまり面白くなかったようで、その時の記憶もほとんど残っていない。ただ、3年続けて夏の自由研究をセミで取り組んだことで、この頃には自然と、夏はセミをやるんだ、という意識になっていた。

「東大なんか行けるはずがない」

ある授業で先生がこう話し始めた。

「東大どころか、このクラスからは○○大学に行くやつも確率的にはいないはずだ」

気づいたら、僕は涙目になって、悔しくてこめかみにぎゅっと力を入れて先生を見つめていた。

先生に特に意図はなかったはずだ。何かの拍子で大学の話になった。僕たちクラスメイトの両親の少なくない割合が高卒だから、そもそも大学受験のこと、大学生活のこと、どんな大学があるのか、まるで知らない生徒が多かったはずだ。その解像度の低さを見て、（大卒の）先生は「現実」を教えてくれた。

「この〇〇大学もすごい難関大学なんやぞ。例えば、この地域の進学校は伊勢高校やけど、そこから1人2人行ければいいほうや」

「東大どころか、確率で考えたら、このクラスから〇〇大学に行くやつが1人出たらいいほうやぞ」

「だから頑張れ」と先生は発破をかけたのだろう。きっとそういう意味なんだろう、ということは僕にもわかった。でも、僕たちは「どうやって」頑張ればいいのかを知らない。両親に聞いてもわからないし、塾に行ったとしても定期試験対策の塾ではそういった事は教えてもらえないだろう。

「お前たちには『資格』がない。もう少し『身の丈』を考えたほうがいい」

そう言われていると感じた。僕たちには「資格」がないんだろうか。そう思った。

僕はずっと歯を食いしばって、なぜだかこぼれそうな涙を抑えて、先生をまっすぐに見つめていた。

「常識」は抜け駆けを許さない

「常識」への同調圧力はすさまじい。自分が属する集団やコミュニティの「常識」とは違う目標を持ったり、異なる行動をとったりすれば、冷めた目で見られることはほぼ確実だ。いじめられたり、悪目立ちして浮いたりすることも覚悟したほうがいい。

とにかく、自分の属する集団やコミュニティの「常識」に合わせるのが、一番楽だ。周りが勉強をするなら勉強しておいたほうがいいし、周りがゆったりしているなら自分もゆったりしていたほうがいい。「常識」は抜け駆けを許さない。我が道を行く、なんてもってのほかだ。

「エリートコース」と「普通の人たち」に決定的な違いがあるとすれば、それぞれの「常識」の違いだと僕は思う。

「エリートコース」なら、勉強するのが当たり前、東大や早慶といった有名大学に進学できれば良いし、海外大を選択肢に入れてもいい（だって兄弟も知り合いも行っているから）。両親も仕事で英語を使っているから、英語は将来「使うもの」だ。

一方の「普通の人たち」にとって、勉強は定期テストの期間中だけでいいし、地元の国立大に行ければ万々歳だ。だって、両親は高卒なんだから。英語は「使うもの」ではなく、喋れたら「カッコいい」ものだ。必要性は正直全く感じない。

人は生まれ落ちた家庭、コミュニティ、集団の「常識」に多くを規定されている。そんな「常識」に逆らわずとも、スタートラインにたどり着ける、それが「エリートコース」の一番の有利な点なのだと思う。東大を目指すだけで、数学や歴史にのめりこむだけで、無用なからかいや説教を受けなくて済む。「数学オタク」ではなく、「すごいやつ」と思ってもらえるかどうか、その違いだ。

「常識」を抜け出し、違う道に行くには、大きな心理的エネルギーが必要だ。正直それだけでものすごく疲れる。「普通の人たち」がスタートラインに立つための第一歩は、自分だけの「旗」を掲げることだと思う。周りからなんと言われようと、背筋がすっと冷たくなって、自分の中にある「常識」が何度もやめようとささやいても、自分がその「旗」を信じて、掲げ続けること、そこからのスタートだ。そのためには心に灯をともす「何か」が必要だと思う。

中2の夏

中学2年生の夏を迎えた。夏休み初めにあった県大会の100mでは今年も準決勝で敗退。その後も変わらず部活に励んでいた。

自由研究を宿題として課されるのは今年が最後だ。今年ももちろんセミの研究に取り組んだ。

去年まで、セミの翅(はね)の面積や長さを測っていたこともあり、自然と「セミの飛び方を研究したら面白いんじゃないか」と思うようになった。「翅→飛ぶ」という単純な連想だ。

ただ、よくよく考えれば、セミといえば普通は真っ先に鳴き声を思い浮かべるはずで、セミが飛ぶところを思い浮かべる人は多くはないはずだ。夏休みの自由研究でセミといえば、鳴き声だとか抜け殻が一般的だと思うけれど、僕はこうして「飛び方」に興味が移っていった。

グラフを描くという行為を先に覚えた僕にとって、鳴き声よりも、翅の長さや体重のほうが測りやすかった。その延長線上で、翅に関連する「飛び方」に興味が移ったのだ。

僕はまず、父の趣味のカメラで、セミが飛ぶところを動画で撮影してみることにした。

セミをカメラの前に置く。カメラの録画ボタンを押す。セミをつついて…

「ああ、だめや！　そっちやない！！！」

カメラの枠の外に飛んでしまった！　もう一度やり直しだ。

これを何度か繰り返すと、やっとカメラの枠におさまって飛んでくれた。

すかさず、動画を再生する。

「どんなふうに飛んどるんやろうか」

撮影した動画を見てみると、黒い物体が横切っていた。

「んん？　全然撮れてないやん！」

1秒の間に数十回も羽ばたくセミに対して、父の持っていたカメラが1秒間に撮影できるコマ数が明らかに足りていなかったのだ。動画をスロー再生すると、飛び飛びの画像になる。セミの羽ばたきをフィルムに収めることができていない。

「うーん、どうしたら撮れるんやろうか…」

セミが飛ぶのを撮ってみよう

父は町工場をやっているだけあって、自由研究に必要なちょっとした工作で頼りになる。

「どうやって、セミが飛ぶの撮影したらええかなあ？　普通に飛ばせると、部屋の中でまたセミ採りしやなあかへんのよなあ。しかも、カメラの性能もあって羽ばたいとるのがうまく撮れへんのや」と僕が声をかけた。

「自転車選手は風洞実験とかやったりするぞ」と父が言う。

「風洞実験…！」

僕は、セミがどう飛ぶか知りたい、という本来の目的を忘れて「風洞実験」というかっこいい響きに引き付けられてしまった。

「じゃあ、風洞作って、煙とか流して見てみるか！」

父と工場に転がっていたアルミの板を丸めて（父の町工場はいろんな資材の余りが残っていた）、まず細長い筒を作った。そして、木の板を削ってハニカムっぽく（要はあみあみの板だ）加工して、アルミの筒の中に差し込んだ。加えて父が夏場に使っていた暑さ対策の扇風機を設置すれば、自作の風洞装置の完成だ。

ネットで調べてみると、ロウの煙を使うらしいということなので、ロウの塊に火をつけ、扇風機の風を先ほど自作した風洞装置にあてて、ロウの煙の流れを起こしてみた。

ロウの煙が流れていく。

「うう…なんか煙吸い込むと気持ち悪いなあ…」

そして自作の「風洞」の前で、セミを固定し、扇風機のスイッチを入れてみる。

「あれ？　煙全然きれいにならへんなあ…ネットで見た風洞は、こうきれいに煙がすーっといくんやけど…」

なかなか思っている風洞実験のようにはならなかった。

「セミの羽ばたき方もおかしいなあ…こんなんで飛んでるんやろうか…」

セミを固定して「羽ばたかせる」のと、自然に飛ぶ際の「羽ばたき」は違うというわけなのだが、そんなことは、やってみなくてはわからない。

試行錯誤を重ねる。なんだかもうちょっと何とかなるんじゃないか？　そんなことを思いながら、夏の終わりが近づき、気づけばセミも少なくなっていく。

僕はセミの羽ばたきを何度も撮影し、急いで模造紙にまとめた。

夏休みが終わった。夏休みのドリルなどの宿題とともに、今年も自由研究を持っていく。普通、自由研究への取り組みは、半日くらいでささっとまとめるくらいの熱量だろう。そんな中で、部活以外の夏休みの大半を自由研究に注いでいる、というのはかなり特殊だったはずだ。

今年も伊勢市科学創作展の出展作品に選ばれたと先生から連絡をもらった。小学校5年生のときから今年で4年目。もはや恒例行事みたいに僕たち家族は作品を見に行った。今年も「科学賞」をもらえているといいな！　と思いながら、自分の研究の展示場所へ向かう。

あった！　あれ？？

「科学賞」の貼り紙の横に、何か別の紙が貼ってある。

「県展出展作品」

「え！　何これ！！　すごい！　県展ってのがあるんか！！！　やば！！」

僕はその時まで知らなかったのだけれど、中学校の自由研究は伊勢市から数点が、三重県展の出展作品に選ばれるらしい。

「もしかして、もしかして、何か県展でも賞もらえたりして！？」

今まで、市の「科学賞」を毎年もらえるだけでもすごく嬉しかったし、大きなモチベーションになっていた。何より、自分が夏休みに頑張った自由研究がこうやって、褒めてもらえることほど嬉しいことはない。でも、もっと大きな場で賞がもらえるかもしれない。

僕は一気に有頂天になった。もちろん、三重県にはもっとすごい自由研究をしている人がいるだろうし、簡単に賞なんてもらえないことはわかっていた。けれど、何かの賞をもらえたりしないだろうか、なんだかラッキーなことにならないだろうかと、どんな賞があるのかも一切知らずに、結果を楽しみに待った。

それから1か月ほど経ったある日、そんな県展があったことを少しずつ忘れていた頃、理科の先生から職員室に呼び出された。

「やぐっちゃん。こりゃあえらいことになったで。最優秀賞って連絡が来たぞ」と先生が僕を見るなり言った。

「え！！？？」

胸が高鳴る。

「しかも、高校生も含めて一番ええ賞やったみたいやで」

先生は嬉しそうな顔で、たった今受信したFAXを僕に渡した。

「最優秀賞　伊勢市立小俣中学校　矢口太一さん」

確かに、僕の名前が書かれている。こういうのによくある「最優秀賞」がいっぱいあるわけでもないみたいだ。

僕が1番ってこと？？　本当に…！？

やった！　まさかまさか！　こんな賞がもらえるの！？　まじ！？

三重県で1番やったってこと！？

学校からの帰り道の3㎞を僕はいつもより速く自転車を漕いだ。早く家族に伝えないと！

僕の自由研究が三重県で1番だった！！！

僕は勢いよくドアを開けて家に入っていった。

「すんごい賞とったで！！！！」

家族もお祭り騒ぎだ。朝刊の新聞の「三重県」のページにも載っていたようで、仕事帰りの父が慌てて新聞をコンビニへ買いに行った。

本と父

幼少期から、父から「本ならいくらでも買ってやる」と言われてきた。100円の本も、その内容を頭に入れたなら、将来商売で何千倍にも何万倍にもなって返ってくる。だから、どれだけお金のないときでも本だけは買ってやる。そう言われてきた。一番の投資だと父は言っていた。
　僕が小学生の頃、僕たち家族は毎週のように本屋さんに通っていた。ある日、僕がその日見つけた歴史の本を2冊、父のところへ持っていくと、父は苦い顔をしながら少し考えた後、手に持っていた釣りの雑誌を本棚に戻してレジに向かった。その頃商売が厳しく、我が家にほとんどお金がないことに、子どもの僕でも気づいていた。それでも、本を読むことは、未来を掴むために、僕たち家族が将来豊かになるために必要なのだ、そんなふうに思うことにして、申し訳ない気持ちを抑えていた。あの歴史の本を買ってもらうときに父とレジに並んでいた瞬間を、今もふと思い出す。

三重県展最優秀賞！

2週間ほど経ち、僕は「県展」である日本学生科学賞 三重県展の表彰式に来ていた。こういう表彰式は初めてだ。
「やばい…なんか緊張してきた…　でも、かっこ悪いのは嫌だし、なんせ僕は『1

番』なんだからかっこよく座ってないと！！」

僕はつとめて、別に嬉しくもなんとも思ってないようなすました顔をして会場に座っていた。

「最優秀賞は、矢口太一さんです」司会の方からアナウンスがあった。

「はい！」心臓をドキドキさせながら、賞状と盾を受け取った。

すげえ、盾までもらえるのか！！！

すました顔とは裏腹に、僕は飛び上がるくらいに嬉しかった。

審査委員の人の話によれば、この先に全国展があるという。

「是非、全国展でも頑張ってください！」

えっと…何のことだ？　このまま、模造紙を出せばいいんだろうか？　どこに、こんな大きな模造紙を出せばいいんだ？　東京とかまで持ってくのか？？

表彰式が終わり、展示されていた自分の研究の前を見に行くと、スーツを来た男性から声をかけられた。

「矢口さん、〇〇新聞の記者です。是非取材をさせてください」

「あ…はい。あ…」

あ、これが、取材ってやつだ。すげえ、初めてや。何を言えばいいんだ??

「矢口さん、早速ですが、この研究は…」記者さんが質問を始めた。

「あ…えっと…あの…」

全然うまく喋れなかった。帰り道、記者さんの前でモゴモゴする自分が、何度もフラッシュバックした。

「まだまだやなあ…。めっちゃ緊張した…」というより喋れへんのダサかったなあ…とショックを受けていた。

初めての取材は緊張してガチガチで何も喋れずじまいだった。

数日後、僕の自由研究についての記事が新聞に掲載されていた。

「すげえ、かっこよく書いてあるなあ。全然喋れんかったのに」

いつか、上手に受け答えできるようになるんだろうか。僕は記事を見てそう思った。

選外

表彰式後に渡された要項によると、全国展に出展する際はwordファイルやPDFの形式でなければいけないという。この夏の僕の自由研究は模造紙に手書きしていた。

「うわー、これ、全部wordに書き直すんかあ…」

wordは学校の授業で少し触った程度で、ほとんど触れたことがなかった。

僕は、馴れないwordで、部活が終わってからや週末に必死に作業をし、何とか1か月半後の締め切りまでに提出を終えた。

「さすがにしんどすぎたなあ…」正直、こんな作業が必要になるとは思っていなかった。ただ、それよりも僕はまた何か賞がもらえるのではないか、というワクワク感に浸っていた。

「全国展も何か賞もらえるんかなあ！　もし、すごい賞とか取ったら！　どうなるんやろ！　楽しみやなあ！」

それから、待てど待てど、結果の連絡が来ない。12月頃だっただろうか。

事務局から封筒が学校に郵送されてきた。僕はドキドキしながら封を開ける。どんな受賞の連絡だろう……！！

封筒の中にはＡ４用紙が１枚入っていた。

「選外」

もしかしたら…そんな期待をしていた僕はがっくりと肩を落とした。

あれだけ頑張ったけれど、結果は選外だった。

「さすがにそんなに甘くはないよなあ…」


世界大会に行きたい！


僕はがっかりして家に帰った。

「ただいまー」

僕は明らかに元気のない声でドアを開けた。

「全国展の結果届いたけど、だめやったわ」

靴を脱いですぐに母に向かって結果を伝えた。

「そうかー、そう簡単にはいかへんわさ。よう頑張ったなあ」

母は僕がいい結果の時もそうでないときも、いつも変わらず接してくれる。だから、夕食を作る母の前で、その日の出来事を一通り話す時間が好きだった。

一通り話し終えすっきりした僕は、そもそもどんな賞がもらえるんだろう、そういえばあまり知らなかったなとパソコンを開いて、全国展の正式名称の「日本学生科学賞」と検索しいろいろと調べてみることにした。

ホームページには内閣総理大臣賞、文部科学大臣賞、環境大臣賞…となんだかすごそうな賞がずらっと並んでいた。

「すげえ…こんな賞があるんや…」

いろいろと調べていくと、全国展で上位に選ばれた研究はアメリカで開かれる世界大会に参加できるという。ISEF（アイセフ）という大会らしい。過去の大会の動画がYouTubeに上がっていたので再生してみた。

「え…めっちゃかっこいいやん…何これ…」僕はその映像に引き付けられていた。

イメージとは全く違う映像が流れていた。大きな会場に世界中から詰めかけた参加者が座っている。表彰式では、色鮮やかなライトが会場中を照らし、音楽がビートを刻んでいる。最高賞の受賞者がアナウンスされると、会場中が大歓声に包まれる。満面の笑みだ。ガッツポーズを何度もしながら、頭を抱えて走りながら壇上へ上がる。そこにいたのは「科学オタク」じゃない。間違いない、そこにいたのは「スター」だった。

僕が知っている世界は、陸上競技の100mで活躍したり、リレーでアンカーが前の選手を抜きまくって順位を上げる、そういうかっこよさだった。自由研究をやることに、爽やかでかっこいいイメージはなかった。

でも今、画面に映っている世界は違う。今まで見たどんなコンテストより、スポーツの大会より、かっこいい世界だった。

「僕も、こんな世界に行きたい！」

気づけば、母のスマホを借りて、僕はずっとISEFの映像を見ていた。いつか、いつか、僕もこんなところに行きたい。全国展の選外のことはもう忘れていた。僕は昨日まで知らなかった世界を知ってしまった。まだ手は届きそうにはないけれど、僕はその世界があることを知ってしまったのだ。

ガッツポーズを何度もしながら、頭を抱えて走りながら壇上へ上がる金髪の少年の姿が、僕の脳裏に何度も再生されていた。

疲労骨折

中学2年の秋から、陸上競技の練習にさらにのめり込むようになった。それまでは県大会では決勝に進めず、準決勝止まりだったけれど、遅めの成長期が来たこともあり、自分でも「足が速く」なっていることを実感し始めた時期だった。

僕は部活の親友2人と、部活のメニューとは別に自分たちで考えた練習を「勝手に」進めていった。トレーニングの専門書にも手を伸ばし、「なるほど、こういうトレーニングがいいのか」と得意のエクセルでトレーニング計画を練っていった。

当時の部活動は基本的に毎日参加が原則だった。平日5日間と土曜日は部活がある。しかし、自分で考えた「トレーニング計画」では、部活のメニューではあまりに物足らないし、強度の高い練習をした後は練習しない「休養日」を設けたかった。

僕と親友の2人は、いつの間にか独自の練習メニューで練習を進めるようになり、僕は部活を等間隔で休むようになっていった。他の部員からは「なに勝手なことしてんの？　自分勝手やん」と白い目で見られることも少なくなかった。でも、僕は強くなるために一番取るべき道を取りたい、その一心で我が道を行っていた。「練習をしに来たんじゃない、強くなるために練習してるんだ」とか、そんな調子だ。部活の顧問の先生も、そんな僕を大目に見てくれていた。あるときは、一学年上の県大会で活躍している他校の先輩に試合会場で話しかけ、他校での練習に参加させてください！と頼み込み、先生たちを困らせてしまうだとか、そんなことがしばしばあった。こんな生徒を自由にさせてくれた上に、他の部員とも揉めないように見てくれていた先生方には感謝しかない。

中学2年の冬、各校合同での大仏山（「明野探検隊」をしていた山だ）での坂ダッシュ練習会があった。そこには、一学年上の県大会優勝者の先輩もいた。力試しにはもってこいだ。

坂ダッシュが始まった。勝ち上がり方式で、何度か走っていくと、例の県大会優勝の先輩たちと同じ最後の組までやってきた。

「よーい、どん！」

合図とともにスタートを切り、徐々に顔を上げる。視界には誰も映っていなかった。

「あれ？　もしかして、俺…」

まさかの1着でゴールしてしまった……！

着実に走力がついてきたことがわかった。春が来るのが楽しみで仕方なかった。

僕は自分で考えたトレーニングプランを黙々とこなし、これ以上はできないと言えるまで必死に追い込んだ。


春が来た。4月、中3になってからの初めての県大会。

陸上競技を始めて、小6の時に人生で初めて出た大会で、中学の部の100m決勝をスタンドから見ていたことを鮮明に覚えていた。体格も速さも自分とはまるで違うお兄さんたちに憧れて眺めていたのだ。

100m予選。シーズン初めの県大会ということもあり、200人を超える規模の予選参加者がいた。僕の組が回ってきた。号砲が鳴る。気持ちよく加速して、スピードに乗る。これまでの自分とはまるで違う走りができているのがわかった。

去年秋の自己ベストを1秒近く更新し、初めて決勝に進出することができた。全国大会などで活躍していた同世代のライバルと決勝で競えることに高揚した。

ずっと目標にしてきた決勝だ！　やった！　やった！！！

どうあがいても手が届かなかった場所にようやく手が届いて、胸が躍った。

僕はスキップをしてベンチに戻った。


憧れの100m決勝。多くの種目が終わり、観客席には多くの人が集まっていた。陸上競技の花形種目だ。みんなの注目が集まる。去年まで見ていた側だった僕が、走る側になるなんて！！　予選の時に混んでいたサブグラウンドは、決勝で走る僕たち8人だけになる。アップで走るだけで、みんなの視線が僕たちに集まる…！

鳴った。アップで走る。一気に人がいなくなった場でアップをする、そのことだけで胸が高
決勝のスタートラインについた。

「第□レーン、矢口太一君、小俣中学校」

僕の名前がアナウンスされる。

わーっと感情が高まる。

位置についた。号砲が2度鳴る。フライングだ。

あまりの高揚に僕はフライングをしてしまったのだ…！

仕切り直し。改めて位置につく。号砲が鳴る。

スタートが得意な僕は、最初は視界に誰も入らないのだけれど、少しずつ後ろから迫ってくる。一人抜かれた。もう一人抜かれた……また一人……

初めての決勝は6位。でも、僕は初めての県大会100mの賞状が、嬉しくて嬉しくて仕方なかった。

そして、冬にずっと一緒に練習してきた親友と組んだリレーでも決勝に残ることができ、最終種目をアンカーとして走った。3位入賞でメダルを取ることができた。僕たちは嬉しくてレースが終わると駆け寄って抱き合った。

やった！　やった！！！　僕たちが冬にやってきたことが報われたんだ！！！

顧問の先生も普段は見せない満面の笑みだ。先生とぎゅっと強く握手をする。

「矢口！　次は全国や！　夏の大会で全国とるぞ！」

僕は夢見心地だった。こんなに目標が叶っていいんだろうか……。

100mの決勝に乗ったことで、各校の人たちに少しずつ名前が知られていくのも鼻高々だった。

県大会が終わった3日後。僕は県大会の行われた競技場に、部活の仲間何名かを誘って自主練習に来ていた。県大会での高揚感もまだ冷めない。

僕はいつも通り、アップを終え、スタート練習を重ねていった。

「よーい、どん！」

スタートする。すると、ぴりっと腰に痛みが走った。

「あれ、これやばいかも…」

今までに経験したことのない痛みで、その後の練習でも痛みがどんどん増していく。数日置いても、痛みが引かない。僕は、きっと時間が経てば治るだろうと、コルセットを巻いて練習を続けていった。


伊勢市には6月頃に市内の全校生徒が一堂に集まる陸上大会、連合陸上がある。もちろん県大会や東海大会などのほうが「重要」ではあるが、全校生徒の前で競技ができること、応援がものすごいこともあり、一番気持ちの上がる大会だった。ストレートに言えば、一年で一番「かっこつけられる」大会なのだ。僕は、１００m、２００m、リレーの3種目にエントリーした。

コルセットをぎゅっと巻いて、１レース目の１００mの予選に出場した。

腰が痛いので、30mくらい全力で走った後は力を抜いてゴールイン。

「あれ…おかしい…腰が…」

ゴールすると、腰周りが一気に重くなり、僕は普通には歩けなくなっていた。足を引きずりながらベンチに戻ったが、立ち上がれない。やばい、腰がついに壊れちゃったかもしれない…。

どうにもならず、残りのレースは全てキャンセル。各校の応援が競技場に響く中、僕はベンチで横になっていた。試合後、先生に家まで車で送ってもらうことになった。

翌日、母に病院に連れて行ってもらうと、腰の骨が疲労骨折している、ということだった。

「うーん。これは練習しすぎちゃったねえ…。これ以上悪化すると、将来、日常生活にも支障が出ちゃうから、安静にしたほうがいいなあ」病院の先生は僕を見て言った。

せっかく、憧れの県大会の決勝に乗れるところまできたのに…。掴みかけていたものが一瞬で目の前から消えていく…。

翌日、僕は陸上部の顧問の先生と話をするために職員室に向かった。

「先生、腰、疲労骨折でした」

「そうか…残念やけど安静にしたほうがいい。これから先、高校以降でも競技を続けていくには、今無理したらだめや」

先生は眉をしかめながら僕を優しく見つめた。しばらく沈黙が続く。

「でも僕、高校からは頭で勝負しようと思ってます。陸上を本気でやるのは中学までになるんだと思います。そのつもりです。だから、先生やらせてください。この1年が最後でいいんです」僕は先生をまっすぐ見つめて言った。

先生は難しい顔をして、しばらく考えていた。

「わかった…。その代わり、将来の生活に影響が出ない範囲でやる。定期的に病院でも検査を受ける。一日に練習していい距離も決めよう。約束してくれ、少しでも悪化したらストップや」

「はい。ありがとうございます」

それから、距離制限のある練習が始まった。病院の先生からストップがかかれば、そこで打ち止め。コルセットを巻いて、顧問の先生と約束した距離しか走らない。

歯がゆい。もっと練習して頑張りたいのに…。今までどれだけ自分勝手に練習メニューを組んでも見逃してくれていた先生も、今回ばかりは「勝手」は許さない。

ある日、僕は先生がグラウンドを離れた隙に、約束の距離を破って、さらにグラウンドを走っていた。

「太一！！　何をやっとるんや！！！！」先生の怒号が聞こえる。

「すみません…でも…」約束を破ったのは僕だ。

「ばかやろう！！　お前が頑張りたい気持ちはわかる。でも、これは約束や。絶対に無理したらいかんのや！　わかったか！」

「はい…」


出場する試合も、県大会やその予選大会など必要最小限にとどめることになった。東海大会や全国大会につながる夏の県大会。

練習を十分につめていなかったこともあり、予選はタイムがかなり悪かった。

「やっぱりだめか…」

先生からも、リレーに専念するために準決勝は棄権するか？　と聞かれたが、100mは僕の一番の目標だった。ダメもとで走ることに決めた。

準決勝。鼓動が速くなる。多分だめだ。練習も十分に積めていない。何より、足に力がない。もうどうにでもなれ！　と思った。号砲が鳴った。

走り終え、結果を待つ。

電光掲示板の僕の名前に「q」という表示がつく。

滑り込みぎりぎりで決勝に乗れたみたいだ…！！

そのあとはあっという間だった。100m決勝は振るわず、リレーの決勝では足に力が残っていなくて一人も抜けずに終わった。100mでは東海大会の出場権を得ることができたが、リレーでは出場権を逃した。完全に消化不良だった。

中3の夏

セミの季節がやってきた。

僕の夏は終わっていない。僕のもう一つの夢、あの憧れの世界大会につながっている自由研究がある。去年は三重県展で最優秀賞を受賞できた。選外だったけれど、全国展も経験することができた（作品を応募しただけではあるが…）。何より、憧れの世界大会の存在を知った。僕の自由研究への熱量は年を追うごとに高まっている。

昨年の研究では、父のカメラでは1秒間に撮影できるフレーム数が少なく、セミの羽ばたきをうまく撮影できないことが課題だった。ある日、陸上部の練習に学校に行っていたときに、顧問の一人だった理科の先生に、ふとそのことを相談してみた。

「先生のカメラ、ハイスピードカメラ機能がついとったはずやで。貸したろうか？」

と先生が応じる。

先生が車から、父のカメラにそっくりな形のカメラを出してきた。どうもそのカメラには「ハイスピードカメラ機能」がついていて、父のカメラより細かいコマ数で動画が撮れるという。

「先生！　…このカメラ借りていいんですか？？」と僕は興奮気味に聞いた。

「ええよ！　夏休みの間貸したるでな！」先生は笑顔で応じた。

先生のカメラを壊さないように慎重に持ち帰り、早速僕はセミの撮影に取り掛かった。

去年の夏は、セミを固定して「羽ばたかせていた」が、なんだか不自然な羽ばたき方が多かったのが課題だった。自然に飛ぶときの「羽ばたき」と、体を固定され僕に木の棒でつつかれて無理やり「羽ばたく」のでは多分いろいろ違うみたいだ。うーん、でもどうやって撮影しようか。

この際、自由に飛ばせてみて、その様子を撮影すればいいんじゃないのか！？　と思い直した。昨年同様、カメラの枠におさまらないかもしれないけれど、それは仕方ない。とりあえず、セミを自由に飛ばせてその様子を撮影することにした。

「おい、セミ飛べ！　ほら！」セミを木の棒で軽くつっついてみる。

鳴き声とともに、部屋のあちこちにセミが飛んで行ってしまう。

「おーい、アブラゼミー！　どこ行ったー？？」部屋中を探し回れど、見当たらない。

どうやら、コピー機の裏に隠れているみたいだ。

「お！　そこか！　よーし、動くなよお…あっ！　待って！！」

今度はお絵描きをしていた妹の方から悲鳴が上がった。

「そっちに行ったか…ごめんー！！　ちょっと待っててなー」僕は急いで妹の方に向かった。

こんな調子で、部屋の中で「セミ採り」が繰り広げられる。これはかなり大変だ。

一度「自由に」飛ぶところを撮影すると、そのあとはずっとセミとの追いかけっこを繰り広げることになる。

「これは…時間がいくらあっても足りひんな…」
しかし、他に方法も思いつかないので、とにかくセミを飛ばせては回収するということを繰り返し、撮影を繰り返した。去年、セミを固定して「羽ばたかせていた」時に比べて、「自然な」羽ばたき、飛行の様子を撮影することができている気がする。
「おー、ゆっくり再生してみると面白いなあ。こうやって飛んでるのか…」

朝起きて一番にセミ採りに向かう。朝のほうがまだ暑さが優しい。その日に必要な数のセミを必死に採ってきて、日中はセミの飛行の撮影に勤しむ。そんな毎日を送っていた。腰のけがもあり、陸上の練習はほどほどに、自由研究の時間を取ることができていた。

8月上旬、陸上の東海大会がやってきた。ただ、気持ちは複雑だ。練習が積めていない中での大会ということもある。そして、セミはひと夏の中でも、たくさん採れる期間は2週間弱くらいしかないのだ。その期間を過ぎると、いくら外で虫網を持って駆け回っても、十分な数のセミが採れない。暑い中必死に探し回って、セミが採れないときの虚しさは何とも言い表しがたい。そして、飛行の研究をしている以上、セミには元気に飛んでもらわないと撮影ができない。雨や台風がやってくると、それから数日は翅が濡れて元気のないセミが多くなり、研究にならないのだ。十分にセミを採って研究できる期間は、実は結構少ない。

　この夏にメインターゲットの一つにしていたアブラゼミのピークと東海大会の開催日が重なっていた。僕は少し複雑な気持ちで大会に向かった。

東海大会

　僕の中学校からは男子5名が三重県代表として参加していた。

　試合のある名古屋のホテルに着くと、陸上競技の雑誌に載っているスポーツショップに行きたいと、そのうちの1人が言い出した。僕たちは、ほとんど初体験の都会にドキドキしながら、5人で夜の名古屋に繰り出した。伊勢市から名古屋までは電車で約2時間かかる。僕自身は、修学旅行以外で三重県の外に出かけたのは片手で数えるくらいしか記憶になかった。

「すげえ…都会やあ…」夜が明るいことにまず驚く。

エスカレーターに乗ると、後ろの人が迷惑そうな顔でこちらを見ている。

え、順番抜かしたっけ？　抜かしてないよな…どういうことだ？？

「なんやなんや？　エスカレーターみんな左側に立っとるぞ！？」

いつも家族で出かける「ジャスコ」のエスカレーターとはルールが違うみたいだ。エスカレーターってみんな幅いっぱいに乗るものだと思っていた。名古屋の人は左側に寄るらしい…。僕たちは慌てて左側に身を寄せる。

少し歩いて、目当てのスポーツショップに着く。ただ、そこに並ぶスポーツシューズが中学生のお小遣いで買えるわけもなく、僕たちは店内の商品を一通り眺めて店を後にした。結局何を買うわけでもなく、僕たちは満足してホテルに帰った。

「なんか、すげえ都会やったなあ…夜もこんなに明るいんか」

そんな不思議な気持ちのまま、次の日の試合に備えて寝ることになった。

翌日。ものすごく暑い日だった。競技場に着くと、何度も救急車がやってきていた。試合前にアップをするけれど、あまりの暑さに気が遠くなる。頭から水をかぶってみるけれど、試合の招集場では意識がもうろうとしていた。

「暑い…暑すぎる…」この夏一番の猛暑だった。

試合前には、スパイクの靴底を検査される。

「すげえ、こんな検査もするんか」県大会と違う対応に驚いた。

スタートラインに向かうが、もう暑くて何のことだかわからない。

予選落ち。

さすがに、東海大会の出場者は強かった。

あっけなく東海大会が終わり、伊勢に帰った。しかし、セミの研究が待っている。

次の日から、研究を再開する。セミ採りをしていても、日に日に採れるセミの数が減っていく。

「やばい…あともうちょっとで終わらせないと…」

残りの夏休みは必死で研究に打ち込んだ。去年までの自由研究の取り組みと変わったのは、ただ純粋に「研究が楽しい！」という気持ちに加え、全国大会や憧れの世界大会がぼんやりとだけれど視界に入っていることだ。うまい例えが思い浮かばないけれど、「野球が好き！」と野球を始めた少年が、気づけば甲子園に憧れて、部活に熱中する気持ち、みたいなものだろうか。

僕は何とか自由研究をまとめ上げ、セミを始めて5度目の夏が終わった。

自由研究が夏休みの宿題の一つとして課せられていたのは中学2年生までだ。クラスで一人だけ、模造紙を抱えて学校に登校する。せっかく頑張ったけど、ちゃんと伊勢市の科学創作展と県展に出してもらえるよね？　とか、そんな神経質な不安を感じながら先生に提出した。

数日後、先生から伊勢市の科学創作展に出展するとの知らせが入り、一安心した。

9月の週末。5度目の科学創作展。

会場に行くと、「科学賞」と「県展出展作品」の貼り紙があった。

「ああ…よかった。無事通ったな」

去年までの「ラッキー！」という純粋な喜びから、今年は「無事通ってよかった」というちょっと種類の違う感情だ。あとは県展の結果を待つだけだ。

去年結果が発表された時期が近づくと、毎日そわそわしていた。まだかまだか。コンクールを主催する新聞社に朝刊を変えていたこともあり、朝起きるとすぐに朝刊を確認しては、まだだ…というのを毎日繰り返していた。

そして、ある朝。朝刊を確認すると、

「矢口さん、最優秀賞」三重版の欄に名前があった。

「やった！！　今年ももらえたぞ！！！！」

去年よりもきっといい研究になったから、今年こそは全国展で何か賞がもらえるんじゃないだろうか！？　胸が一気に躍った。


県展の表彰式。

去年よりも緊張せず自然に賞状を受け取ることができた。表彰式後、自分の研究の前に行く。後ろから聞き覚えのある声がした。

「矢口さん、お久しぶりです。〇〇新聞です。今年もおめでとうございます。また取材をさせてください」

記者さんが笑顔でこちらにやってくる。

「ありがとうございます！」

新聞の取材も、ところどころ噛むけれど、去年と同じ記者さんだったこともあり、今年はしっかり答えることができるようになっていた。自分自身でも、去年に比べて、格段に受け答えがうまくなっていることに驚いた。経験って大事なんだな…そう思った。

そして、去年と同様、全国展に向けてwordで書き直す作業が始まる。去年の教訓もあって、模造紙に書く前の下書きは既にwordで書いていた。1年前に比べて、かなりスムーズに作業も進み、今年も無事に全国展へ出展することができた。

建白書を書く

中学校ではこんな一幕もあった。

中学校の全校集会では、部活や課外活動などで受賞した生徒が校長先生の前で表彰される機会がある。陸上の県大会や地区大会、自由研究で賞を取っていたこともあり、集会で校長先生から賞状をもらう機会は多かった。「また表彰や。だるいな」だとかすましたことを言っていたけれど、本当はものすごく嬉しかった。みんなの前で褒めてもらえる、単純なことだけれど、そのことで、もっと頑張ろうと思えるし、努力が報われる瞬間の一つだった。

伊勢市の科学創作展の「科学賞」も、小中通して全校集会で受賞者が賞状を受け取るのが慣例だった。しかし、中3の、いつもなら科学創作展の「科学賞」の表彰がある時期に、校長先生からの授与がない。「科学賞」は全校で8名くらいが毎年受賞していた。僕がこれまでセミを頑張っているように、やはり各クラスに自由研究を頑張る生徒はいるわけで、ささやかながらそうした頑張りを認めてもらえる機会でもあったのだ。

おかしい！　そう思うと僕は熱くなって止まらなかった。僕は、昼休みに職員室に行き先生のところへ向かう。

「失礼します！」

職員室に入っていく。

「おお！　矢口！　どうした！」

先生が笑顔でこちらを見る。

「科学賞の表彰、どうしてないんですか？」

僕は単刀直入に聞く。

「ああ、矢口が県展で受賞してるしな。今年はええかなと思って」

先生がそう答えた。

僕にとって、「科学賞」をもらったことがセミの研究を続ける理由の一つになっていたことは事実で、そうした機会を他の生徒から奪うのはいけない！　と思った。僕はこの頃から「おかしい！」と思ったことは、「建白」する癖があった。

校長先生とは、自由研究のことや陸上競技のこともあり、仲良くなっていたので、全国展への出展で使って以来お得意のwordで、校長先生宛にA4で1枚の「建白書」を書いた。

校長先生

伊勢市科学創作展の科学賞は、夏休みに自由研究を頑張った生徒がその頑張りを報われる数少ない機会です。私が県展で受賞したことで、その表彰の代わりに科学賞の表彰が割愛されたと伺いました。私の分の表彰はなくて構いません。どうか、夏休みに一生懸命頑張った生徒の頑張りを表彰する機会を作っていただけないでしょうか

翌日、こんな改まった「建白書」を同じ先生に手渡すと、少し困った顔をしていた

けれど「わかった。ちゃんと校長先生に渡しておくな」と応えてくれた。そして、次の全校集会では、科学賞を受賞した生徒の表彰の時間を取ってくれたのだ。

集会の後、先生と目が合う。先生が満面の笑みで僕を見る。

「矢口の言う事が正しかったから、ちゃんとやったでな！」

「先生、本当にありがとうございます！」

僕と先生は笑顔で握手をした。

普通に考えたら生意気な行動だ。それでも、先生が無視しても構わない生徒の意見を聞いてくれた。こういう体験が僕の「建白癖」につながっていったのだと思う。

陸上部引退

部活最後の県大会を10月に迎えた。腰のけがの影響もあって、僕は１００ｍ一本に絞ってエントリーをした。準決勝で自己ベストを出して、無事に決勝に進出することができた。腰のけがもあり、思うように練習ができなかったけれど、県大会全てで１００ｍの決勝に乗ることができた。本当はもっと練習したかったけれど悔いはない。

そして試合後、最後のあいさつでは、3年生の中で僕は真っ先に大号泣。昔から涙もろかった。本当は、けがさえなければもっと頑張れた。他の種目にも挑戦できた。でも何より、これ以上はできなかったと思えたことが清々しかった。ともに練習を重ねた親友2人も大号泣。僕の「青春」の一ページがここで幕を閉じた。

ここからの僕の人生は「頭で勝負」だ。

100mとセミ

陸上の100mとセミの研究に中学時代の情熱を注ぐ中で、ある考えを持つようになった。

100mは陸上競技の中でいわゆる花形種目だ。陸上競技に取り組んだ人なら、誰もが一度は取り組む種目だろう。試合での注目度もやはり段違いで、100mの決勝に乗れば、各校の人たちが名前を覚えてくれていたりする。その一方で競争も過熱している。中学生の県大会レベルでも100mの決勝の進出ラインは、いつも百分の数秒差だった。最後の県大会の100m決勝進出者は僕を含めた4~5人が腰の疲労骨折やヘルニアを抱えていた。練習のしすぎだ。実際に決勝のレース中にライバルが腰を痛め途中棄権をしたこともあった。ただ、1位の選手がリタイアすれば、百分の数秒差の2位だったはずの選手が一つ上に行く。そんな競技だった。だから、100mでは僕は確かに毎回決勝に乗る選手ではあったけれど、「代わりのいる」存在だった。僕が走らなくても、他の選手がそこにおさまるだけだ。

一方で、セミの自由研究は僕の周りで同じことをしている人は見たことがなかったし、僕がやらなければそんな「変わった」自由研究は誰もやらない。そんな自由研究に価値があるのか、僕にそんなことは決められないけれど、セミの自由研究をしている僕は「代わりのいない」存在だった。そして、幸運なことに何らかの賞をいただくこともできている。

自分のこれからの人生は、100mみたいな「代わりのいる」花形種目を頑張っていきたいのだろうか。それとも、セミの自由研究のような「代わりのいない」変わったこと（変わってるからこそ、認めてもらえない可能性も少なくない）を頑張っていきたいのか。中学時代にどちらも頑張ったからこそ、僕はそんなことを考えるようになっていた。

全国展入選

最後の県大会が終わってしばらくして、去年は「選外」だった全国展の結果が返ってきた。

先生から呼ばれたとき、胸の鼓動が一気に速くなった。一度深呼吸をしてから、結果を確認する。

「入選1等」

「受賞してる！！　なんやろ！　何かの賞がもらえたんか！！　やったあああ！」

職員室で声は出せないけれど、心の中でガッツポーズを何度もした。やった、やったぞ！

全国展で賞がもらえたみたいだ！！　これで少し世界大会へも近づけただろうか。

早速家に帰って調べてみると、全国展では、最終審査進出作品が中学・高校の部で各15作品が選ばれるそうだ。その中から内閣総理大臣賞以下の賞が授与され、世界大会ＩＳＥＦの代表も選出されるという。そして今回はその最終審査進出作品の次の賞だった。最終審査進出作品・入選1等・入選2等・入選3等という形だ。陸上をやっていたこともあり、なんでも順位をつけたくなる僕は「これって16位タイってことやよな。あともう少しやったんか！　でも、めっちゃ嬉しいなあ」と受け取った。

家族に結果を伝えると、家族みんなで大喜びだ。電話で知らせた父がケーキを買ってきてくれた。父には夏休みを通して、いろいろな工作やカメラ撮影のコツを教えてもらうなど手伝ってもらっていた。母や兄弟にも暑い中でセミ採りをたくさん手伝ってもらった。こうして家族に喜んでもらえることが素直に嬉しかった。

東京の舞台

12月24日に東京での表彰式があり、生徒と引率の2名が招待されるという。最終審査進出作品に選ばれた人たちは22～23日の2日間の審査を経ての表彰式らしいが、僕は表彰式だけの参加だ。家族と相談し、会場には父と2人で行くことになった。母と弟、妹も、せっかくの機会なので東京について来て、3人は表彰式の日には東京を観光するという。小3のときに父の商談についていったとき、中3の修学旅行以来、3度目の東京だ！

会場は日本科学未来館だった。

「すげー！　東京にはいろんな種類の電車があるんやな。モノレールもあるんか」

見るもの全てが目新しい。会場に着くと、おそらく表彰式に参加するであろう同世代の学生服を着た人たちが集まっていた。受付を済ませ、ホール型の会場の席に座る。

表彰式が始まった。秋篠宮殿下と紀子様を拍手でお迎えすると、会場は今まであまり経験したことのない雰囲気になった。

「これが厳かってやつか」

そんなことを思っていると、審査委員長の先生の講評などが始まった。「偉い」人たちの祝辞が一通り終わり、いよいよ最終審査進出作品の発表が始まる。優秀賞からアナウンスが始まり、最後は内閣総理大臣賞だ。

「優秀賞は…」

一人ひとり壇上にあがり賞状や盾を受け取っていく。

しばらく賞のアナウンスが続き、大臣賞の発表に移っていった。

「科学技術政策担当大臣賞は…」

「環境大臣賞は…」

「文部科学大臣賞は…」

なんだか仰々しいタイトルの研究が読み上げられていった。

「ミドリムシの鞭毛(べんもう)？　なんだそれ？　生物の教科書に載ってたっけ？　すごそうな研究タイトルだ。やっぱりレベル違うんかなあ」

「それではいよいよ、最高賞 内閣総理大臣賞の発表です」

そうか、次が最高賞か。どんな人が受賞するんやろうか。

「今年度の内閣総理大臣賞は…」

「はい！！」

ひときわ大きな声の返事が聞こえた。声の方向へ目を向けると、何人かの生徒が立ち上がり、何度もガッツポーズをしていた。チームでの研究だったようだ。殿下がいらっしゃる場でもあり、凛とした雰囲気の会場だったけれど、どこかスポーツの試合での一幕のような瞬間が流れた。

「そうか、この人たちはこれが青春やったんや。報われたんや」

そうして表彰式が終わり、両殿下も退席された。僕たち入選1等以下は盾の入った袋を渡されて解散となった。「なんだ、味気ねえなあ」そんなことも思いながら、父とホテルに向かって帰路に就いた。

帰り道、何度も何度もあの光景が頭によみがえった。

「内閣総理大臣賞は…」

「はい！！」

仲間たちとガッツポーズをして、喜び合う姿。

自分があんな賞を取れるなんて夢にも思わない。でも、この日本でも、自由研究が、陸上の100mの決勝みたいに、青春の一コマになっていることを知った。

ずっとずっとその光景が頭から離れなかった。叶うわけはないけど、いつか、僕もあんな舞台に行けたら…。

大学教授

表彰式の翌日、僕は昆虫の飛翔を研究している大学の先生に会いに行くことになっていた。ｗｅｂでいろいろと調べていたら出てきた先生で、父にメールの書き方を教えてもらい、お願いのメールを送ったら、なんと時間を割いていただけることになったのだ！　初めて大学の先生にお会いすることもあり、すごく緊張していた。

事前にメールで案内されていた研究室を目指して、キャンパスに入り、建物に入っていく。

ん？？　イメージと真逆で驚いた。小俣中学校より、かなり照明が暗い…！！

「おお、国立大学やって聞いてたけど、思ってたよりボロいんやなあ。大学ってもっとぴかぴかのところなんやと思ってた」

実はこれが初めて「大学」の中に入った経験で、僕は「大学」というところはもっとキラキラしていて、（建物も）すごいところだと思っていた。

約束の時間にノックすると、部屋には教授が座っていた。

「ようこそ」

そう言って教授は僕を見て微笑んだ。

「あ、あの、初めまして。えっと…小俣中学校3年の矢口太一と申します…」

思っていた以上に優しくて、丁寧な先生だった。緊張して、なかなか喋れない僕を見て、父がいろいろと話に入ってくれて、僕は先生が喋っていることを一生懸命うなずきながら聞いていた。

その日のホテルに向かう帰り道。さっきまでの緊張のせいか、まだ身体が火照っている。

「優しい先生やったなあ。難しそうな研究もしててすごいし。助教って言ってた若い先生も賢そうやったなあ。研究室というか、建物はボロかった。もっと綺麗やと思ってた」

こうして、三重に帰ってからも東京での出来事が何度も頭に浮かんでぼーっと過ごしていた。受賞が決まり、ガッツポーズをする高校生の姿。大学の研究者の姿。三重で僕が過ごす毎日とはあまりに違う瞬間を、僕は夢のように何度も思い出した。

中学3年生の12月が終わろうとしていた。

「**それでええんか?**」

僕は大事なことを忘れていた。忘れていた、というよりは実感を持てていなかった。

僕は中学3年生で、三重県南部では一番の進学校、伊勢高校の国際科学科（いわゆる特進コースに当たる）を受験することにしていたのだ。定員は40名なので、狭き門と先生には言われていた。そして、僕は小俣中学校の試験でもダントツの1番というわけではないのだ。

ただ、自由研究での一連の出来事があり、遠い世界だったことが現実になって、とにかく夢見心地でぼーっとしていたのだ。勉強時間と内容だけはルーズリーフに記録していたが、11月頃から平日は40分〜1時間くらい、休日も2時間くらいしか机に向かっていなかった。

そんな調子で12月31日になり、僕は朝から気になっていた小説を読みふけっていた。紅白歌合戦の時間になり、好きなアーティストの歌を聴いては、本を読み、ゆっくりと過ごしていた。

家族で川の字になって寝ている布団部屋に寝ころびながら、たった今小説を読み終えた僕は近くにいた父に喋りかけた。

「いやーいい本やったわ。やっぱり本読むのって面白いなあ。この前読んだ『雪国』ってのもなんか難しかったけど面白かったし」

すると、いつも早く寝てしまう父が布団に入ったまま、僕にこう尋ねた。

「太一、お前それでええんか?」

「ん? 何が? 本、面白いよ」

「違うんさ。受験さ。それでええんか? 後悔せえへんのか?」

「……」

胸が痛くなった。陸上競技でも、セミの研究でも、その期間「これ以上はできなかった」と思えるだけやり切ってきた。だから、結果がだめでも「後悔はない」と言える自信があった。でも、今回の受験は、全く身が入っていない。これで落ちたら、僕は後悔するんだろう。もっと頑張れたのに…と。

勉強時間を記録しているノートを見返してみた。勉強は時間では測れないけど、これはさすがに少なすぎる。ほとんど何もやっていない。

「あ…これ、やばいなあ。よくよく考えてみたら、この調子やとまずいぞ」

その日は、参考書を机に並べて、明日1月1日から何に取り組むべきなのか、計画を立ててから寝ることにした。

「やばい、これ、かなり頑張らんとあかんわ…」

どの参考書をいつやって、教科書はいつ読んで…と優先順位を決めて、計画を立てた。

そして、年が明け、僕はやっとスイッチが入り勉強に取り掛かった。一日のスケジュールを、午前中にやること、夕方までにやること、寝る前にやること、といった具合に立て、それをひたすらにこなしていく。年明けからは、まるで別人のように必死に机に向かった。そして、勉強を進めていくと、圧倒的に演習問題が少ないことに気づいた。塾に通っている人たちは、その塾で模擬試験などをやっているみたいだったけれど、僕は教科書と三重県の高校入試の過去問と、学校で配られた少しの参考書しかなかった。1月下旬に、本屋さんへ連れて行ってもらい、全国の高校入試の過去問を集めた参考書を5教科分買い、そこからさらに必死に勉強に取り組んだ。

陸上をストイックにやったように、スイッチが入ると徹底して取り組んだ。2月に伊勢では久しぶりに雪が積もり、先生が特別に雪遊びの時間を取ってくれたけれど、クラスで僕一人だけ教室に籠っているくらいには、集中モードに入っていた。

そして3月、小俣中学校の卒業式の日を迎えた。

僕はここでも大号泣して、わんわん泣いていた。受験はまだ終わっていないけれど、陸上競技、自由研究、それぞれ青春の詰まった3年間だったからだ。

そして、今になって振り返れば、あの中学の卒業式以来、会うことができていない友達がたくさんいる。それぞれの地で、それぞれの立場で別々の道を歩む、そんな人生の岐路の一つであったことは間違いない。


卒業式から1週間ほど経った試験当日。つーんと冷える晴れた日だった。

母から渡してもらったカイロで手を温めて、試験会場の伊勢高校に向かった。

最初の科目で名前を書くときに手が震えて、何度か名前を書き直した。

「やべえ、めっちゃ緊張する…」

それでも始まってしまえば一瞬で時間は経ち、僕は試験会場を後にした。

合格発表までの1週間は心ここにあらずだったけれど、あっという間に合格発表の日になった。

伊勢高校の体育館に行き、友達と発表を待つ。発表の時間になると、校歌のチャイムとともに幕が降り、番号が書いてあるボードが現れた。

えっと、どこだ？　どこだ？

「あった！！！」

伊勢高校の国際科学科への進学が決まった。

帰り道に、駅に向かいながらガラケーで母にメッセージを送る。

「合格やったよ！！！」

これで中学時代は無事に終了だ。

短い春休みを終えれば、僕は高校生になる。

「知事に会いたいです！」

高校入試も終え、僕はこれから始まる高校生活、そして自由研究への取り組みに胸を膨らませていた。そんな高揚感のある中で、僕はふと、こんなことを思いついた。

「セミの研究でハイスピードカメラを使いたい！　でもめっちゃ高いし、自分でお金は払えへん。三重県知事に会って、研究のこと話してお願いしたら、もしかしたら助けてくれるんちゃうか！！」

突拍子もない。多分、ハイになっていたんだと思う。まず何をどうお願いしたら、三重県知事がハイスピードカメラを一人の高校生に貸してくれるのか。そもそもどうやって三重県知事に会うというのか。

高校進学も決まり、浮足立った僕は居ても立ってもいられなくなって、小俣中学校の校長先生に、三重県知事に会わせてほしい！　という「お願い状」を書いて、自転車を漕いで渡しに行ったのだ。

「校長先生！！」

「おお、矢口君！　受験もお疲れ様。今日はどうしたのかな？（笑）」

校長先生は、今日も僕が何かを「建白」しに来たのがわかったようだった。

「校長先生！　僕、三重県知事に会いたいです！　会わせてください！」

校長先生の目が真ん丸になった。あまりの不意打ちにきょとんとして僕の事を見つめている。Ａ４の「お願い状」を校長先生はしばらく読んでいた。

「校長先生…無理ですか？？　やっぱ無理か〜」僕が声を漏らす。

「はっはっはっ」

しばらくすると校長先生は声をあげて笑い出した。

「わかりました！　うまくいくかはわかりませんが、校長先生からお願いしてみることにしましょう」

そういうと校長先生はまた大きな声をあげて笑った。

表敬訪問

校長先生に無茶なお願いをした数日後、僕のところへ校長先生から電話がかかってきた。

「矢口君、こんにちは」

「あ、校長先生！　こんにちは」

校長先生から電話がかかってくるのは初めてだ。

「この前の事を私からお願いしたけれど、やはり難しいとのことでした。今はちょうど年度末で、なかなか予定がつかないそうです。ただ、同じ話を伊勢市長さんにしたところ、そうして自由研究を頑張っている生徒がいるなら是非、表敬訪問という形で、と言ってもらっているんだけれど、どうかな？」

「あ…はい！　是非お願いします！！」

さすが校長先生！　と僕は思った。三重県では、自由研究を頑張って全国展で賞を取っている人がこれまでもほとんどでてきていない。陸上競技や他のスポーツのように「褒めてもらう」対象になっていなかったから、こういう場があるのがすごく嬉しかった。

そして、僕は校長先生と父と3人で伊勢市役所を訪問した。何度か母の役所手続きについてきたことがあったけれど、ここに市長さんがいるんだな、というのは意識したことがなかった。

市長室に向かうと、秘書の方が出迎えてくれた。

「市長、今ちょうど先客がありますもんで、もう少々お待ちくださいね」

どくんと心臓が高鳴った。こういう経験は初めてだから、やっぱり緊張する。

ニコニコしたおじさんが市長室から出てきた。秘書の人と談笑して、帰っていった。

「では市長、中にいますんで、こちらからどうぞ」

校長先生の後を追って、中に入る。

「おお！　いらっしゃい！」

ニコニコの市長さんが奥に立っていた。

「矢口君、頑張ってるんやってなあ。偉いなあ。いろいろ校長先生から聞いてるわ。セミの研究してるんやな」

「あ、はい！　ちょっとだけ持ってきたので…」

「お！　そうかそうか！　じゃあちょっと聞かせてもらおか！」

即席で準備してきたA4の紙を広げて、口をパクパクさせながら必死に説明した。

ほお、なるほど！　と相槌をうってくれているのがわかる。

「僕、高校生の時に世界大会に出たくて…これからも頑張ろうと思ってます」

「すごいなあ。よお頑張っとるなあ。このまま頑張ったらほんとに行けると思うで。今度は世界大会に行った時に来てな」

「はい！」

本来の「ハイスピードカメラを借りる！」という目的は達成できなかった（というかもう忘れてしまっていた）けれど、こうした場で「褒めてもらえること」が嬉しくて、僕は高揚した気分で市役所を後にした。

この時にエールを送ってくれた伊勢市長は、僕の進学する伊勢高校の大先輩で、このご縁をきっかけに、これから何度もお世話になることになっていく。

御守り

少し時間を巻き戻すが、中学校の卒業式の後にこんな場面があった。何度もくじけそうになった時に、不思議と思い出して勇気をもらっていた「御守り」みたいな思い出だ。

3月の晴れた日。中学校の卒業式が終わり、僕たち生徒はお世話になった先生たちのところへ行き、お礼がてら卒業アルバムの後ろのページに「サイン」をしてもらっていた。そして、ある先生に声をかけると、僕ともう一人のクラスメイトの2人で、「サイン」巡りが落ち着いてから改めて職員室に来るように言われた。

その先生は、教職以外の社会人生活を長く経験し、「恩返しに」と教職に就いた方だった。一味も二味も違う授業が楽しみで、僕の大好きな先生だった。

「サイン」巡りが落ち着き、僕とクラスメイトは2人で職員室に向かった。

「先生、3年間ありがとうございました。先生の授業、僕たち本当に大好きでした」

「こちらこそ。卒業おめでとうございます」そう言って、先生は僕たちのアルバムにメッセージを書いてくれた。2人分を書き終えると、先生は僕たちを見た。

「君たち2人に、一つだけ話しておきたいことがあります。みんなの前で言うことではないので、こうして来てもらいました」

先生は、僕たち生徒に対しても常に敬語で話す、そんな方だった。

何だろう…？　僕たち2人は顔を見合わせた。

「授業を通して、学校生活を通して、見ていてわかります。君たち2人はきっと、これから日本を背負っていく立場に立つと思います。教室で一緒に授業を受けていた仲間のために、仕事をする日がきっと来るでしょう」

そんなことを人生で初めて言われて、僕たち2人は言葉が出なかった。何を根拠に先生はそんなことを言っているのか、僕たちにはさっぱりわからなかった。

ただ、静かに胸が熱くなって、すーっと風が吹いていく、そんな感情が胸に迫ってきた。

「親元を離れ、人の何倍も努力をし、大変なことも多いと思います。いや、大変なことのほうが幸せなことよりも多いのかもしれません。きっと、ここに残って自分の『身の丈』にあった暮らしをしていたほうがずっと楽なのかもしれません」

「それでも、君たちはきっと、この日本を背負っていく人になると、私は信じています。心からのエールを送ります。私はこの伊勢で君たちの活躍を楽しみに見守っています」

そう言って、先生は僕たち2人を笑顔で送り出した。

その日から、僕の脳裏に「君たちはきっと、この日本を背負っていく人になる」この言葉が浮かぶようになった。何の根拠もない。でも、辛いとき、自信がなくなったとき、この言葉が「御守り」みたいに僕の頭に浮かんだ。何か「予言」でもされたような、そんな不思議な力を持った言葉だった。

この2人がそろって東京大学に進学するのはまだ少し後のことだ。

2章　東京に行くぞ！

伊勢高校

伊勢高校に入学した。一学年320名。このうち毎年、現役・浪人あわせて1〜2名程度が東京大学に、4〜5名が京都大学に進学するというのが当時の進学実績だった。僕が入学した国際科学科は40名で、3年間クラスと担任の先生が固定だ。三重県南部の「頭がいい」生徒が集まってくることもあり、入学当初は少し様子見の雰囲気だった。

「みんなどれくらい賢いんやろか…」

この中で東大に行けるのは1人か2人。ということは、テストでも学年で1番2番とかにはいたほうがいいってことやよな。そんなことをぼんやり思いつつ、高校生活がスタートし、各教科の授業が始まった。僕は数学の因数分解の小テストで早速ひっかかり、追試を受けることになった。

「まじか…この調子でやってたら昼休みと放課後なしになるやん…」

追試は何とかパスしたけれど、やっぱりみんな賢いな…と身構えていた。

そして1か月ほど経った初めての定期試験。僕は16位とかそのくらいの順位だった。

「うーん、低くはないけど、東大行くなら1～2番くらいにはいなあかんわけよな」

伊勢高校の生徒の多くは有名予備校のサテライト校に通っていた。男子トイレなどで友達同士が話すこんな会話を何度もよく聞いていた。

「俺、映像授業で80万円払ってもらったで」

「おお、俺は100万超えてた（笑）」

まじか…！　1年間でそんなにかかるんか。すげえ…。僕は塾には行くつもりはなかったから、自分で思い思いの計画を立てて勉強に取り組んでいた。計画を立てて、といっても毎日出される宿題の「数プリ」（数学のプリント）と各教科の宿題に取り組んだら、一日が終わる、そんな感じだった。

そして、初めての全国模試が7月にあった。

学年で3番目という結果が返ってきて驚いた。

「思ってたより成績がいいぞ？　やった！！！」

人間が持っている時間は1日24時間だ。その中で学校の宿題と塾の課題とを詰め込んで一度やってさっぱり忘れるよりは、じっくり学校の宿題をやったほうが吸収がいいのだろうか？　うん、きっとそうだ。そんなことを考えたりしながら、1学期目を過ごしていった。

もやもや

7月中旬、どうしようもない暑さとともにセミの鳴き声が聴こえてきた。自由研究の季節だ。去年の自由研究では全国展の中学の部で入選1等を受賞していたし、授賞式の後には昆虫飛翔の先生のお話も聞きに行くことができた。そして、世界大会ＩＳＥＦの選考対象は高校の部からだ。俄然やる気が湧いてきた。

「今年はもっとすごい研究をしてやるぞお！」

そんな想いとともに、頭の中には表彰式で読み上げられたタイトルがぐるぐる回っていた。

「ミドリムシの鞭毛…」

自然と、「難しいこと」「高度なこと」をしなくちゃいけないんだという頭になっていた。父にも相談し、セミが飛んでいるところをモーションキャプチャしてみようということになった。

モーションキャプチャのことをいろいろ勉強して、サインペンでセミの翅にマークをつけて、その状態で飛行しているところを撮影し、飛行中にセミの翅がどう動いているのかを把握しようじゃないかということになった。

試行錯誤をし、工作を父にも手伝ってもらいながら進めていったのだが、日が経つにつれ、少しずつもやもやが増していく。

「あれ、難しいことをやってみてるけど、結局何がわかったんや…？」

完全に手法にこだわって、研究自体の目的を見失っていた。少しずつセミの採れる数が減っていく。夏休みも残りわずかとなっていった。何とかまとめていくが、要は結論部分がかなり薄いのだ。手法の部分だけが膨らんでいき、結局何がわかったのか、その部分が薄くなってしまっていた。自分でもうまくいかなかった、そんな消化不良な気持ちを持ったまま、夏が終わった。

高校生も、夏休みの自由研究は宿題ではない。これまで出展していた伊勢市の科学創作展は中学生までの展示会なので、今年は県展に直接応募することになる。指定された日に会場に研究を届けなければいけない。平日なので父にお願いし、作品を出展した。

東京大学オープンキャンパス

年に一度、伊勢高校で各大学のオープンキャンパスに連れて行ってもらえる機会があった。卒業生による同窓会などが旅費などの支援をしてくれているようだ。僕にとっては、憧れの東京大学に行くチャンス。どうして行きたいのか、熱い思いを作文して、校内で申し込んだ。

無事に連れて行ってもらえることになり、僕は胸を躍らせて待っていた。憧れの東大生に話が聞けるんだ！！

そして当日になり、僕たちは引率の先生と近鉄の特急に乗り東京へ向かった。

道中で雰囲気がおかしいことに気が付いた。

20人くらいの参加者だけれど、聞こえてくる会話から、東大を目指している雰囲気がまるでしてこないのだ。途中で気が付く。僕以外の参加者にとって、東大のオープンキャンパスではなくて、「安く行ける東京旅行」だったのだ。僕は胸がきりきり痛んだ。大真面目に参加している自分がバカみたいだ。

東京に着いた。東大のオープンキャンパスは1人で回ることにした。途中でドロンして東京観光なんてごめんだ。

僕はキャンパスのコーナーを一つ一つくまなく歩いた。そして、東大の先輩に話が聞けるブースに何度も並び直して、話を聞いた。

「第二外国語はどうやって決めたんですか？」

「受験勉強はどうやってしてましたか？」

日中のオープンキャンパスの日程が終わった。ホテルの夕食で伊勢高校出身の東大生の先輩がゲストで何名か来てくれることになっていた。僕は食い入るように話に聞き入り、たくさん質問した。先輩とアドレスを交換して、その後何度か受験の相談をする機会を得ることもできた。いつか、僕も先輩の立場でここに来ることができるだろうか。そんなことを思ったりした。

2日間の日程が終わり、僕は東大生と話ができた満足感と、どこかむなしい気持ちで東京を後にした。

振るわない結果

正直、今年の自由研究には自信がなかった。夏休みが終わればまた、夏休み明けの試験を皮切りに、高校生活の日常が戻ってくる。夏休みが明け、しばらく経った日の朝、朝刊に県展の結果を知らせる記事が載っていた。

「〇〇高校　知事賞」

僕とは違う高校名が記載されていた。そして、小さく「矢口さん県教育委員長賞」と書いてあった。どうやら、去年までは最優秀賞が一つだったのが、複数に増え、その中でも知事賞、県教育委員長賞と続いていくらしい。要は、次点（2番目）だった。

「さすが、審査の先生はちゃんと見てるなあ」

残念だったけれど、納得の結果だった。ただ、全国展には進めるらしい。でもあまり期待できない。表彰式を終えて、既に全国展を見据えて作成してあったwordファイルを少し修正し、早めに全国展に応募した。

今年は結果がなかなか来なかった。結局、返ってきた結果は「選外」。

夢の世界大会に出るには、最終審査進出作品の15作品に選ばれ、その中から最大8作品に選ばれないといけない。なのに、今年は入選1等～3等にも届かなかった。

「あ～やっぱり無理なんかなあ。今年も精一杯頑張ったけど、だめやったし、来年何をすればいいのか全く浮かばへんわ…」

中学時代に頑張っていた陸上競技も、顧問の先生に熱心に誘ってもらっていたので籍だけおいていたが、一度も練習には顔を出していなかった。自由研究で賞をもらい、陸上競技でも活躍でき、受験もうまくいった、そんな中学生活に比べ、高校生になって、自由研究もいまいちで、日々は受験競争という焦燥感に追われる日々。「あんまりうまくいかへんなあ」そんな気持ちをどこか抱きながら日々を過ごしていた。

保護者面談のタイミングなどに合わせて、進路希望を記入することが年に数回あった。僕はそこで、進学希望：東京大学 理科1類／2類 と最初の頃から迷わず書いていた。行ける、行けないという話ではなく、僕は行く、と決めていた。かといって、どういう勉強をすれば行けるのか？ なんて教えてくれる人はいないから、本屋さんの受験書コーナーの本を一つ一つ眺めていき、『貧しくても東大合格法』とか、『東大生が教える 今まで誰も教えてくれなかった本当の東大入試完全攻略法』といった勉強法が書いてある本を探してはそれを読み込んだ。東京大学新聞社が毎年出している情報冊子を購入して暇があれば眺めていた。それが、僕と「キラキラした東京」の世界とを繋ぐ唯一のパイプだった。

そうして代わり映えのしない伊勢での高校生活を送り、高校2年生の夏を迎えようとしていた。世界大会ＩＳＥＦは年末の全国展を経て、翌年5月にアメリカで開催される。そのため、受験があることを考えると高校2年生の全国展が実質ラストチャンスだった。夢だった世界大会に行きたい。でも、去年は「選外」で、全く行ける自信がなかった。そもそも最終審査進出作品の15作品に選ばれたことすらない。どうしていいか全くわからなかった。父にはこれまでの研究で工作を手伝ってもらうなどいろんなアドバイスをもらっていた。ただ、それも限界だ。父は研究者としての教育を受けたわけではない。高校の理科の先生もそうしたことを教えてくれるわけではない。じゃあ、独力で全部やるのか？　それも難しい。

「どうしたらええんやろか」

僕はわからずにいた。

地方学生の戦い方

「なぜ指導者もいない地方から、自由研究で内閣総理大臣賞を取って、世界大会に行けたのか？」

今そう問われればそれっぽい答えはある。

世界大会の代表に選ばれるような自由研究は、研究者としての教育を受けていない高校生ゆえの細かい突っ込みどころはあっても、少し手直しすれば何らかの学術論文にできるよね、というレベルが必要だと言われたりする。でも、資金も専門知識もなければ、時間もない（高校生って実はかなり忙しい！ 定期テスト、模試、日々の授業・課題、受験勉強…）高校生が、ところどころ突っ込みどころはあるものの、ちょっと磨けば学術論文になるよね、という発見や開発をするためにはどうすればいいか。まして、地方の学生で指導者もいないとなれば…。

高校生の自由研究と大学の研究者の研究は全く取るべきアプローチが違う、と思う。分野によっては数千万円、数億円といった研究資金を使い、最新の機材で取り組むプロの研究者に対して（もちろん、研究費が十分でない分野も日本には多くあるわけだが…）、田舎の高校生は両親に頼み込んでもせいぜい数万円使えるかどうか。また、高校生にとっては自由研究は仕事ではなく、あくまで夏休みなどに取り組む「課外活動」だ。とにかく時間がない。そして、いくら「天才高校生」だったとしても、専門知識には乏しい。研究の何たるかという教育も受けていない。だから何年もその分野に触れてきたプロには専門知識では遠く及ばない。

そんな中でどう戦うか。それは「正攻法を取らない」ことだ。ありふれた研究手法、安い研究機材、そこそこの知識で「新規性」を狙うしかない。それには、「ブルーオーシャンの扉を拓く」アプローチを取るしかないはずだ。時間・資金・知識をつぎ込む「物量戦」をしては勝てない。

その点、セミの自由研究は最高のテーマだった。セミのシーズンは夏のたった2週間程度、しかもお盆の時期に重なる（一番大人が休める、または休みたい期間だ。社会人を経験するとよくわかる）。さらに昆虫を扱う研究では、研究室内で飼育できるモデル昆虫を用いることが多いが、セミは40度近い真夏日に外で、蚊に刺されながら必死で「セミ採り」をしなくてはいけない。しかも、セミといえば「鳴く昆虫」だし、「飛ぶ」ことに関心が向きにくい。

そんなわけで、プロの研究者が「セミの飛翔」を研究テーマにすることはなかなかない。そういったテーマであれば、ありふれた研究手法、安い研究機材、そこそこの知識で「面白い発見」ができる可能性がある。まさに、田舎の高校生にとってはうってつけのテーマなのだ。

と、今となっては、なぜうまくいったかをストーリー立てて語ることもできる。でも、高校2年生の僕はそんなこと一切、頭になかった。セミの自由研究をしているのは、小学校5年から始めて面白くて続けていただけだ。

世界大会に行きたい。でも、周りに経験者もいなければ、研究仲間もいない。指導者もいない中で、どうやって研究を進めていいのかもよくわからない。

「どうすれば、世界大会に行けるんだろう…」

高校1年生の研究は必死になって頑張ったけど、全国大会では箸にも棒にもかからずに「選外」という通知が届いただけだった。過去の受賞研究を見ていると、聞いたことのない用語が並んでいる。

僕にとって、夢だけがそこにあって、自分がどうすればそんなところにたどり着けるのか、全くわからなかった。これまで、三重県からそうした賞を受賞した人は何年も出ていないのだ。

こののち、僕が内閣総理大臣賞を受賞してから、伊勢志摩の後輩が2人も内閣総理大臣賞を受賞するという事例が続いた。そのうちの1人からは、僕の受賞を取り上げた新聞をたまたま見て、自分にもできるはずだと思い研究に取り組み始めたということを聞いた。「夢」ではなくて、現実的な「目標」と思えるかどうかがいかに大切か、当時の自分を振り返ってもそう強く思う。

変なメール

考えても考えてもどんな研究をすればいいかわからないまま、高校2年生の7月になった。

必死に過去の受賞作品をあさっていると、前年度に中学校の部で文部科学大臣賞を受賞している作品に「団扇（うちわ）」の研究があった。セミの羽ばたきと、団扇って似ているんじゃないだろうか。何より、いわゆる強豪校の研究テーマとは違うのが面白い。どうやら学校の部活ではなくて、僕と同じように個人でやっているみたいだ。話を聞いたら何かヒントになるんじゃないだろうか? そう思い、団扇の研究をしていた早川さん(当時中学3年生)の中学校にメールを送った。

「ぜひ話を聞かせてもらえないでしょうか?」

すると、数日経った後に返信があった。

「東京で全国大会の受賞者によるポスター発表があるので、そこに来てくれたら研究の話できますよ」

後日、早川さんからは「いきなり変なメールが来て怪しかった…(笑)」と言われてしまったわけなのだが…。

そうして、7月下旬に東京へポスター発表を聞きに行くことになった。

せっかくの機会なので東大の先生にも話を聞いてみたいなと、Googleで「東大昆虫飛翔」と調べると、安藤先生という昆虫飛翔の研究者がヒットした。そこで、今まで頑張って研究をしてきたこと、ぜひ話を聞かせてほしいことをメールにしたため、夕方にメールを送信した。翌日朝にパソコンをチェックすると受信トレイに1件の返信があった。

「頑張っていますね。是非お越しください」

「やった！　初めて東大の先生の話が聞ける！！！」

嬉しくてその場でガッツポーズだ。

こうして、単身上京することになった。東京に行くのは、小学生の頃に父の出張に家族でついていったとき、中学の修学旅行、全国展の表彰式、東京大学のオープンキャンパス以来だ。自分で携帯代が払えるまでスマホは持たないと決めていたので、当時スマホもなかった。自宅のパソコンから乗車する電車の乗り換え表、訪れる場所の地図をプリントアウトし、初めての東京一人旅へ出発だ。自宅の最寄りから約4時間の電車旅。東京駅へ着き、新幹線の扉が開いたとき、心臓が飛び出るくらいドキドキしたのを覚えている。

「ただの旅行じゃない。夢を掴みに来たんだぞ…！」

東京大学へ

安藤先生の研究室は駒場にあった。渋谷から井の頭線に乗って向かう。

初めての駒場キャンパス（赤門があるのは本郷キャンパスで、オープンキャンパスのときは本郷だった）で、先生の研究室があるのは少し外れたところの第2キャンパスだった。なにせ手元の地図と標識が頼りだ。辺りをキョロキョロ見渡しながら、門番の人に止められないかな…と不安になりながらも、キャンパスを歩いた。東大生らしいお兄さんやお姉さんがまばらに歩いている。

30分以上早く着いたので、一度先生の研究室の部屋の前まで行き、場所を確かめて、建物の外に出た。広場のベンチに座って時間をつぶすことにした。そわそわして落ち着かない。ドキドキして、「あと15分後には話してるのか…」そんなことを考えたりしていた。そして、約束の時間の5分前、ついに安藤先生の研究室の前に立った。心臓がドキドキする。やばい…。

「失礼します…あの…矢口です」

緊張しながら扉を開け中に入ると、想像の何倍も優しい笑顔の先生がそこにいた。

「ようこそ、待っていましたよ」

すごく賢い先生に「君は何もわかっていないな！」と怒られたりするんじゃないだろうか？　とか、話が続かなくて気まずいんじゃないだろうか？　と心配していたことも全て杞憂だった。

安藤先生は、高校2年生の僕に「一人の研究者」として接してくれた。先生の研究の話を伺ったり、僕が撮影したセミの映像をお見せしたりと、夢のような時間が流れていく。研究室で話している途中に外では急な雨と雷になっていた。いくつかおすすめの論文をいただき、晴れやかな気持ちで研究室を後にした。先生を訪ねて4時間くらいが経ち、雨も上がり、青空が広がっていた。

東大の先生とこんなにも話ができた、ということも嬉しかった。でも、伊勢でたった一人で「セミの飛翔」に疑問を抱き、興味を持ち取り組んでいた僕にとって、同じような興味を持って取り組んでいる人がいたこと、そうした「仲間」の一人として迎えてもらえたことが何よりも嬉しかった。

「ずっと一人ぼっちやと思ってたけど、そうじゃないんかもしれんな」

東京に来る直前に撮影したセミの映像をお見せしたとき、安藤先生が僕と同じように興奮して言った言葉がずっと心に残っていた。セミが木に止まっている状態からくるりと体を旋回し通常の飛行に移る離陸飛行をたまたま撮影したものだった。

「おおお…！　矢口さん、これは…これは面白いですよ！！」

かもめのジョナサン

僕は慶應義塾とはご縁がないけれど、独立自尊という言葉が大好きだ。自分のことは自分で決める、決めたことへの責任は自分で背負う、そしてそのことへの誇り（と勝手に解釈している）。みんなが受験勉強をする中で自由研究を選んだことも、就職でいわゆる「王道」ではない道を切り拓くと選んだことも、全て自分で決めたことだ。親のせいでも、周りの常識のせいでもない。周りに見本がいないぶん、大変なことも多かったけれど、そんな自分自身の選択に僕は誇りを持っている。小さい頃父に薦められた『かもめのジョナサン』という本はそんな僕のバイブルだ。もし興味があれば読んでみてほしい。

研究仲間

翌日、信じられないくらい暑い真夏日だった。まさに汗が滝のように流れる、そんな日だ。竹芝で開かれていた前年度の全国展の受賞者のポスター発表に向かった。これまでホームページや新聞で見た人たちの研究が直接聞けるんだ！　と僕は胸を高鳴らせていた。

会場では前年度の受賞者6組がポスター発表をしていた。

直近の世界大会で賞を取った研究、全国大会の内閣総理大臣賞を受賞した研究などだ。多くの来場者がいる中で、いつ声をかけようか、変な人と思われたらどうしよう…と緊張してポスターの周りを何周もうろうろしていたが、深呼吸をして思い切って声をかけた。

「あの…メールしてたセミの…矢口です」

「あ！　矢口さんですね！」

団扇の研究をしている早川君だ。

そこから打ち解けるのはあっという間だった。同じ世代で自由研究をしている仲間だ。話が弾まないわけがない。その場で話し込み、日頃の研究のこと、苦労などを話した。

「早川君、僕、きっと全国大会で賞を取って、世界大会に行くから。また、東京で会おう」

「約束ですよ！　僕も必ず行きます」

早川君は僕をまっすぐ見てそう言った。いつかの再会を約束し、会場を後にした。

そこでは、変形菌を研究している増井さんという方にも出会った。当時中学2年生で、前年に中学の部で内閣総理大臣賞を受賞していた。彼の研究の話がとても面白くて、たくさん質問をしたが、何より彼が研究を心から楽しんでいることがひしひしと伝わってきた。（後に、同じ孫正義育英財団の仲間として再会することになる）

会場を後にしたとき、僕の心は夏の青空のような、爽やかな気持ちだった。伊勢で一人研究をしているとき、周りから向けられる目は「変なやつ」だ。受験勉強も、部活もほったらかしで、セミの自由研究をしている…。いわゆる「オタク」枠といってもいい。せっかく陸上でも活躍していたはずなのに、なんで自由研究なんかやってるんだ??

自由研究の面白さも、ワクワクも、苦労も、同じ目線で話ができる仲間が一人もいなかった。でも、もう違う。僕には全国に同じ研究仲間がいる。毎日は会えないけど、テーマも違えば、年齢も、住んでるところも違うけど、同じようにワクワクして研究している仲間がいるんだ!!! もう僕は一人じゃない。

「待ってろよ! 早川君! 僕も絶対そこに行くから!」

会場を後にする僕の心は、まさに夏の空の青さそのものだった。

帰ってからの1か月は怒涛の毎日だった。安藤先生からいただいた英語の論文を電子辞書片手に読み、研究の計画を立てた。

そして朝一で、家の近くの公園や広場に出かけ、虫網を持ってセミを採る。採ったセミは虫籠に入れるのだが、実は大きな問題があった。一度セミ採りをした人ならわかると思うが、虫籠に入れた後、セミがばたばたと羽ばたいて暴れてしまう。気づけばいろんな所に翅(はね)をぶつけて、翅がボロボロになってしまうのだ。まして、研究に必要な数だけセミを虫籠に入れるのだから大惨事だ。去年までは、奇跡的に翅に傷がつかなかったセミを撮影するということをしていたので、10匹つかまえてきても、ちゃんと綺麗な翅でいてくれるのは数匹いればいいほうだった。どうしようか…いろいろと思い悩んだ末、ちょうどセミのサイズくらいの小さいビニールのチャック袋に一匹ずつセミを入れて持ち運ぶことにしてみた。しばらくすると、ビニール袋の内側に小さな水滴が付き始めたことに気づいた。

「ん…なんで水滴がつくんや?」

どうやら、セミが呼吸をしていて「蒸れている」みたいだ。これじゃあ翅も湿ってしまうし、セミが元気をなくしてしまう。この後はちゃんと元気に飛んでもらわないといけないのに…。そして、追い打ちをかけるように、セミがその状態で尿をするのだ。もう、呼吸の蒸れと尿で散々な状態になってしまった。

うーん、どうしたものか。僕は頭を抱えていた。

そんな時ふと、自分の勉強机の上に置いてあった藁半紙の数学のプリントに目が留まった。

「もしかして、これをしわくちゃにして包めば…呼吸もできるし、尿も吸えるよな」

セミ採りに行く前に、いらない数学のプリントをしわくちゃにして、ふわふわにほぐした後、セミを包めるくらいの大きさにちぎっていった。包んだ後にはマスキングテープで止めればよさそうだ。そして、セミ採りに行き、採ったセミを一匹一匹、特性の藁半紙で包んでいった。いざ、撮影の段になって、藁半紙を開けてみると、今までより格段に元気で翅の乾いた状態のセミだった。

「やった！　これでかなり楽になるぞ！！！」

大成功だった。そうしてつかまえたセミを父の町工場の事務所で飛ばす。それを撮影する。その繰り返しだ。

セミがよく採れる時期は真夏のほんの一瞬、2週間ほどだ。途中で台風が来たり雨が降ったりすれば、その期間は実施できない。夜遅くまで、必死にセミの撮影に取り組んだ。家に帰る時間になっても研究を続ける僕に、父が何も言わずにカップ麺を出してくれたり、セミの撮影のために機材の作成を手伝ってくれたりした。研究で疲れたときは、父の町工場の近くにある五つの神社をまわり、「あの東京での出来事に僕も近づけますように…」そう祈った。夏はあっという間に過ぎていった。

夏が終わった。早川君とも何度かメールをやり取りしたが、彼も順調に研究が進んでいるという。僕にとって、彼からのメールは宝物だった。何度も見返しては、気持ちを高めていた。

夏休みが明け、全国大会の予選である県展の締め切りが迫る。ぎりぎりまで研究を見直し、提出した。

結果発表の日、僕は修学旅行で沖縄にいた。僕のガラケーに家族からメールが来ていた。

「知事賞やったって！」

よかった……！！！　無事に全国大会への切符を掴んだ。ほっとした。

全国大会の締め切りまで、さらに研究の見直し作業だ。学校から帰ってはパソコンを開き、土日もパソコンに向かい、締め切りまで必死に取り組んだ。そして、ついに全国展への提出の日。夏休みに何度も行った五つの神社にお詣りし、提出を終えた。

最終準備

その後は、審査結果が出るまでそわそわし、学校でも上の空だった。そろそろ審査結果が出るはずの時期、なかなか通知が来ない。去年も結局ずっと通知が来なくて「選外」だった。もしかしてダメだった…？　そんなことを想いながら、悶々と結果を待つ日々が続いた。

そして11月のある日、学校で先生から呼び出された。

「矢口君、最終審査通ったって連絡が来たよ」

「え…」

やった！！！　ついに、夢だった全国展の最終15作品に選ばれた！！！！

僕は嬉しくて、その場で何度も飛び跳ねてしまった。やった！　こんなことってあるんだ！！

12月末の東京行きが決まってからの約1か月は、最終審査に向けてのポスター作りに費した。夏休みに見た世界大会の代表作品のポスターを頭にぼんやり浮かべながら、放課後、土日を使って黙々と作業を進めていった。こういうポスター発表はこれといった一つの正解があるわけではないから大変だ。それも、最初で最後の大舞台。これでいいんだろうか…そんな想いを抱えながら、何度も推敲を重ねていった。

ポスター作りも大詰めを迎えていた12月中旬。僕は風邪をこじらせて、咳が止まらなくなっていた。中学校1年生の時にマイコプラズマ肺炎になって以来、数年はこうして咳が多くなることが何度かあった。

「まずいなあ…ちょっと喋るだけで咳が出て、これじゃあ発表は難しいよな…」

少し喋るだけで咳が出てしまい、とてもポスター発表どころではなかった。母にお願いし、かかりつけの病院へ向かった。

「先生、年末に大事な発表があるんです。何とか、そこまでに咳が収まるようにできないですか？」

かかりつけの先生は困った顔をして、少し考えているようだった。

「うーん。困ったなあ。咳がひどいようだから、ちゃんと効くのを処方するね」

処方された薬で咳もかなり収まり、何とかポスター発表を乗り切れそうだった。

「よし、ポスターもできた。発表練習もやった。あとは頑張ってくるだけだ」

最終審査に進んだ15作品のうち、最大8作品が世界大会に出場できる。もちろん、大臣賞なんてもらえればすごいけど、そんな高望みはできない。

僕はこれまで一人で何度も行った五つの神社に向かった。

「最終審査まで進むことができました。夢が叶うまであと少しなんです。何とか世界大会の8作品に選ばれますように…」

夏休みに自由研究の合間を縫って何度もお詣りに来たときは、セミの鳴き声と真っ青な空があった。その日はつんとする冷たい風が吹いていていた。

全国大会 最終審査

12月22日、僕は父と2人で明野駅から出発した。勝負の3日間が始まった。7月の東京は猛暑だったが、今はすっかり冬だ。いたるところにクリスマス色が溢れている。中3の表彰式で来たことのある日本科学未来館に向かう。

会場に着き受付を済ませ、もらったばかりのパンフレットを見ると、審査スケジュールと、中学高校の最終審査に進んだ15作品それぞれのタイトルと氏名が書かれている。僕は真っ先に彼の名前を探した。

「中学の部…」上から一つ一つ確認していく。

「あ！　あった！　早川君も来たんや！！！」

胸が一気に熱くなった。会場を見渡す。あ……！　僕は居ても立ってもいられなくなって、その方向に走っていった。

「早川君！！！！」僕は叫んだ。

早川君がこちらを向く。

「矢口君！！！！」

5か月ぶりの再会だった。7月に初めて会ったときは、彼は大臣賞を取った「すごい」人、僕は選外の高校生。今、やっと同じ舞台に立てた。そして何より、仲間と再会できたこと、そのことに胸が躍った。


東京に着いて息つく暇もなく、審査会場にポスターや模型を展示し、早速午後から審査が行われることになっていた。周りのどの研究を見てもなんだかすごそうだ。審査員が各ブースにやってきて、その都度決められた時間でポスター発表をし、質問に答えるという形式だった。

横のブースの人と目が合った。軽く会釈をする。

「この中から大体2組に1組が世界大会に行けるのか……」

そんなことを考えたりもしていた。

審査開始時刻になった。まだしばらくは審査員が来ない。別のブースで研究を説明する声が聞こえてくる。始まったみたいだ。心臓が鼓動を刻む。

「100mの試合より緊張するな…」

こちらのブースに向かって審査員らしき人がやってきた。60代くらいの男性だ。

一気に鼓動が高くなった。審査員は僕を見てにこっと笑った。

「それでは研究の説明をお願いできますか?」


東京に着いた12月22日午後と23日が審査日だった。

始まるまでは緊張するが、いざ審査が始まれば一瞬だった。

審査最終日、全ての審査が終わり、僕は中学の部の早川君のところへ向かった。うまくいった、そんな表情をしていた。

「終わりましたね」早川君は僕を見てそう言った。

「うん、終わった。あとは結果を待つだけやな」

審査会場の外で父が待っていた。

「お疲れさん。どうやった?」

「うん、何とか質問にも答えられたわ。あとは結果を待つだけやな」

終わった。自分ができることは全てやった。普通ならこれで一気にほっとするものだけれど、緊張はとれなかった。明日、僕は夢だった世界大会に行けるかどうかが決まるんだ。

表彰式

翌日、表彰式の集合時間よりも30分以上早く会場に着く。すると、僕と同じく早く着いていた高校の部の参加者がいた。昨日までの審査で少し仲良くなっていたので、一緒に会場周辺を散歩する。

「結果が決まるまでそわそわするわ」と僕は言った。

「まあ、気にしても変わらないし(笑)」彼はリラックスした雰囲気だった。

お互いの学校のこと、受験のこと、いろいろと話しているうちに表彰式の時間がやってきた。

2年前も来た同じ会場の指定された席に座る。2年前はただ表彰式を眺めているだけだったが、今回は自分の結果が発表されるのだ。中学2年生のときに、世界大会に憧れてからずっと、ずっと目指してきた舞台にあと一歩のところまで来た。

表彰式には、秋篠宮同妃両殿下がいらっしゃる。会場のトイレなどに警備が入り、それまでとは雰囲気が変わってきた。

表彰式の来賓の方が壇上に現れた。表彰式のパンフレットに目をやると、そこには僕の憧れの人の名前が書いてあった。

「科学技術振興機構 理事長 濵口道成」

忘れもしない。僕が中学生の時に見た伊勢高校のパンフレットに卒業生の先輩として載っていた方だ。身近に自分の目標にできる存在がいなかった。そんな中で、お会いしたこともないけれど、同じ伊勢高校の先輩で第一線で活躍されている人がいるんだ、僕もきっとこんな人になってみせる。そう密かに憧れていた大先輩だった。

「お話しできたらいいのにな…」そう思ったけれど、来賓の方はきっとすぐに帰られるんだろう。でも同じ会場にいられるだけで嬉しかった。

そんなことを考えているうちに、秋篠宮同妃両殿下が会場にいらっしゃった。2年前と同じように拍手でお出迎えし、表彰式が始まった。

審査員長の講評や来賓の方の祝辞が一通り終わった。

「それでは、いよいよ最終審査進出作品、各賞の発表に移ります」

どくんと心臓が高鳴る。緊張で吐きそうだ。あれだけ発表を待っていたのに、その場から逃げ出したいくらいの緊張が僕を襲った。頭にあったのは、15作品のうち世界大会に行けるのは最大8作品だということ。5作品が受賞する大臣賞であればほぼ確実なはず。なるべく後ろの賞で呼ばれれば可能性が高い、ということだ。

なるべくあとに名前が呼ばれてほしい…。祈るような気持ちで発表を待った。

「まずは、優秀賞の発表です」

「優秀賞は…」

読み上げられた4つの中に僕は入っていなかった。よし、あと11…。

「読売理工学院賞は…」

あと10作品…。

「旭化成賞は…」

あと9作品…。

「日本科学未来館賞は…」

あと8作品…。もしかして、行けるんじゃないのか？？

「あれ、おかしいな…前がよく見えへんぞ…」

誰よりもこのコンテストを調べ、世界大会に行きたいと憧れてきた。どの賞を取った人たちが世界大会に行きやすいのかもだいたいわかっていた。

気づけば僕は一人ぽろぽろ涙を流して泣いていた。確実じゃないけれど、ほぼ間違いなく僕は夢だった世界大会に行けるんだ、そのことが暗にわかったからだ。

「全日本科学教育振興委員会賞は…」

大臣賞以外の賞の発表が全て終わっていた。そうか、僕は大臣賞がもらえるんだな…。絶対に手が届かないと思っていた賞がもらえるんだな。頭がだんだんぼーっとしてくるのがわかった。でも、涙は止まらない。

「科学技術政策担当大臣賞は…」

「環境大臣賞は…」

あれ、おかしいな。まだ名前が呼ばれないぞ。あとは内閣総理大臣賞と文部科学大臣賞しか残ってないじゃないか。そんなことあるのか？？

「文部科学大臣賞は…」

今朝一緒に散歩していた友達の名前が呼ばれた。ちょうど彼は僕の席の前を通って壇上に上がっていった。目が合った。お互い「おめでとう」と笑顔で視線を送った。

「それではいよいよ、内閣総理大臣賞の発表です」

「中学の部の内閣総理大臣賞は…」

早川君の名前がアナウンスされた。え…僕ら2人が最高賞だったの？？？

「そして高校の部の内閣総理大臣賞は…三重県立伊勢高等学校　矢口太一さんです」

「はい！」

僕は何とか大きな声で返事をした。席を立つ。壇上に向かって歩き出したけれど、涙が止まらなかった。もう視界がにじんでよく見えなかった。

秋篠宮同妃両殿下に一礼し、僕は表彰状を受け取った。

秋篠宮同妃両殿下と憧れの伊勢高校の大先輩がいらっしゃる壇上で、僕は人目もはばからず大号泣していた。

夢が叶った。

この言葉がこんなにもぴったりな瞬間があるだろうか。

叶うはずもない、今の自分には縁もないそんな舞台だからこそ憧れた。その夢が今、叶ったんだ。

壇上を降り、席に戻った。横に座っていた父を見ると、父も涙が溢れるのを必死でこらえていた。父が涙を浮かべるのを見るのはこれが初めてだった。

そうか、僕はやったんだ。まるで夢でも見ているようなそんな不思議な気持ちで僕はぼーっとしていた。

そして、そのまま会場で世界大会の日本代表の名前が読み上げられていった。

「三重県立伊勢高等学校　矢口太一さん」

やった！　世界大会の代表もここで決まった！！！

そして、中学の部で内閣総理大臣賞を取った早川君も特例での日本代表が決まったとアナウンスされた。え？？　2人でアメリカに行けるの？？？

秋篠宮同妃両殿下がご退席され、放心状態で席に座っていると、大慌ての係員の方に声をかけられた。

「矢口君！　今から秋篠宮同妃両殿下に研究の発表があるから、今すぐブースへ来て！！」

忘れていた…！　大臣賞の受賞者は両殿下へ研究をご説明する機会を得られるのだった。放心していた僕は、急に緊張して急いでブースに向かった。

ブースに着くと、昨日までの審査とは違い、大臣賞の5作品の前にしか生徒がいないので静かだった。そして、ＳＰらしき人たちがいた。

しばらくすると、両殿下と審査員長など偉い人たちが塊でやってきた。そして、僕のブースの前で秋篠宮同妃両殿下が立ち止まった。

緊張でガチガチの僕に、審査員長がこう声をかけてくれた。

「矢口君、殿下に研究のご説明を」

「あ…はい…えっと…」

昨日までとは打って変わって、緊張でガチガチで何を話しているのか自分でもわからない。それでも何とか説明を終えると、秋篠宮殿下からは魚類でも類似の研究があることなどいくつか助言をいただき、「え…殿下ってこんなに研究熱心な方なのか…」と圧倒されているうちに、殿下は次のブースへ向かわれた。すると、紀子様が笑顔でこう声をかけてくださった。「セミの研究を7年間も続けられたんですね。これからも頑張ってください。応援しています」

「あ…ありがとうございます！！！」

なんだか、現実じゃないような不思議な時間が過ぎ、ブースの前で突っ立っていると、また一人僕の憧れの人が目の前に現れた。科学技術振興機構 理事長の濵口道成先輩だ。

濵口先輩は満面の笑顔で僕にこう言った。

「同じ伊勢高校の卒業生として、誇りに思います。おめでとう」

「僕、濵口先輩のことパンフレットでお見かけしてから、ずっと…ずっと…憧れだったんです。こうやってお会いできて、僕…本当に嬉しいです…」

どうあがいたって手が届かない憧れの人。ただ、同じ伊勢高校の先輩だというだけで、もしかしたらいつか、近づけるかもしれない、と憧れていた人が目の前にいる。今、同じ空間にいる。夢のような瞬間だった。

「こんな夢みたいなことが同じ日に起こってええんやろうか…」

そんな夢見心地でブースに立っていると、全国紙の記者の方が取材にやってきた。全国紙の朝刊に載るらしい。そして、表彰式に参加していた生徒やその引率の方など20名以上の人が僕のブースを一斉に囲んだ。

取材を受け、写真を撮られ、そうこうしているうちに1時間以上が経っていた。取材を終えて、待っていた父のところへ走った。

父の表情は明るかった。

「じゃあ、行こうか」

帰路

普通こういう時に泊まるホテルを取るなら、ビジネスホテルを予約するんだろうけれど、旅行などほとんど行ったことのなかった僕は、どこかで聞いた「ゲストハウス」を前回7月に利用していたので、今回も上野の近くにある同じゲストハウスに予約を取っていた。

荷物を置いて、父とゲストハウスのそばにある定食屋に行き、お刺身を頼んだ。父はビール、僕はジュースを頼んだ。

「おめでとう」

2人でささやかなお祝いだ。

あんなに嬉しそうな父の顔を見たのは初めてだった。何を話したのかは覚えてないけれど、こんなに嬉しい外食は初めてだった。

家では21時には就寝する家庭だったので、その日も早めに床に就いたが、興奮してなかなか眠れなかった。12月24日の夜。日付を越えた深夜2時くらいに目が覚め、テレビをつけるとクリスマスソングが流れていた。いつもなら怒るはずの父も何も言わなかった。僕はそのテレビをただ見つめていた。夢のような一日が終わってほしくはなかったからだ。

翌年5月にある世界大会に向けての準備も年明けすぐから始まる。「受験もあるし、忙しくなるなあ…」そう思うけれど、望んでいたことだ。

周りの反応

年明け、学校に行くと、東京に向かう前といろんなことが大きく変わっていた。

「矢口が内閣総理大臣賞を取ったみたいだ」

周りの先生や友人たちの反応が一気に変わっていた。これまでは、受験勉強もせずに変なセミの自由研究をしている、そんな視線を感じることも時にはあった。しかし、内閣総理大臣賞を受賞してからは、一夜にして、「天才だ！」という評価に変わったのだ。たった一つの受賞で、昨日までの僕と、今の僕の「評価」は明確に変わった。昨日までの僕と今の僕は、賞状をもらった、という事実以外何も変わっていないのに……！！

新聞の取材があったので、放課後に校長室で対応することになった。これまで何度か取材は受けてきたので、この頃になるとさすがに慣れてきた。自分のやってきたこと、今の気持ちをすらすら喋ることができるようになっていた。初めて中学2年で取材を受けた時に比べ、この点ではものすごく「腕が上がった」。

そしてある日、新聞をいつものように眺めていると、紙面いっぱいに僕がセミの標本を持って笑っている写真が載っていた。え！！　全国紙に載ってる！？　表彰式の時に取材を受けた載るとは聞いていたけど、こんなに大きく載るんだ…。表彰式の時に取材を受けたやつだな。それを見て喜んだ父は急いでコンビニに何部か新聞を買いに行き、祖父母たちに大喜びで配っていた。

そして、校長先生に呼び出され、校長室に向かうと（この頃には何度も取材などで足を運ぶせいで、何か用事がなくても校長室におしゃべりに行くことも増えていた）、三重県知事に表敬訪問を、という県庁からの連絡があったことを伝えられた。中3のときに「会わせてください」とアプローチを取って叶わなかったのに、今度は向こうから連絡が来る…。なんだか不思議な気持ちだった。

一夜にして周りの評価が変わる。僕にとってはこの出来事があまりに衝撃だった。人からの評価はこんなにも変わるものなのか。今までも、そして今も、「僕」というありのままの存在を見ようとしてくれる人はほんのごくわずかだ、そう思った。「天才だ！」とか、「すごいやつ」として持ち上げられるのは、正直に嬉しい。でも、人からの評価なんてこんなにも移ろいやすいものだったのか、そんな衝撃を受けた。

「人って信用できないな」

高校2年生の僕はそんなことも感じていた。

三重県知事表敬

そして2月、放課後に僕は理科の先生と校長先生と3人で三重県庁に向かった。

三重県庁の建物に入り、大きなテーブルが置いてある知事室に案内された。最終審査で使っていたポスターを説明用に持ってきていたので、机に置く。

扉が開いた。鈴木三重県知事が入ってきた。満面の笑顔で僕を見た。

「すごいなあ！　おめでとう！」

知事の迫力と関西弁に圧倒されながらも研究を一通り説明すると、知事はうんうん、と大きくうなずいていた。同じ人間でも、ここまで迫力と存在感って違うんだ。そのことが僕の中に強烈に残った。この5年後、鈴木知事とはインタビューで再度お会いすることになる。

今度は県庁番の各新聞社の取材を受けた。それを終えると僕は県庁の中にある教育委員会のフロアに案内された。そこには数十人の職員の方が待っていてくれた。

「えー。今回内閣総理大臣賞を受賞した、伊勢高校の矢口太一君です！」

皆さんから拍手が起こる。教員の方が出向していることも多いからか、温かい雰囲気だった。

「あ、今日はありがとうございます！　矢口太一です。ずっと、ずっと憧れていた夢が叶いました。頑張ったら夢が叶うって本当だったんだなって、今実感してます。世界大会が5月にあるので、また良い結果をご報告できるように頑張ります！」

わっと拍手が起こった。

「なんか、別の世界に来たみたいやなあ」

どこか、自分の足が地に着いていなくて、ふわふわ宙に浮いているようなそんな日々。不思議な感覚にとらわれていた。

各社の記事が掲載されると、親戚や知り合い、クラスメイトからも「新聞見たよ！」という連絡が入るようになった。家の近くを散歩しているときにも、誰か知らない通りすがりの人からもいきなりこんな声をかけられたりした。

「あんた！　セミの子かん？　あんまり殺生したらあかんのやに！　まあ、でもすごいなあ！」

注目してもらえるのは嬉しいし、得意気にもなる。一方で、あまりの環境の変化に心が追いつかなくなっていた。内閣総理大臣賞を受賞してしばらくしてから、数か月は毎晩うなされ、ひどい時には夜中に叫びだすようになっていた。

夢が叶った。叶うはずのない夢が叶って、周りからの評価も一気に変わった。そんな現実を自分でもうまく呑み込めない。いきなり知らない誰かがやってきて、内閣総理大臣賞の賞状を持ち去っていく。そんな夢を何度も見るようになった。

世界大会の準備を進めるうちに、気づけば高校3年生になっていた。内閣総理大臣賞を受賞し、入試を調べていくうちに、東京大学の推薦入試にはほぼ間違いなく合格するんだろう、と確信するようになっていた。センター試験での必要な点数も問題なく取れるはずだ。面接のような「話す」場は、これまで自由研究を通して何度も練習を積んできた。

そして、春を迎え桜の季節になり、僕の頭の中には「伊勢で見る桜はこれが最後かもしれない」という想いが巡るようになった。大好きな家族と、ふるさとで四季を感じることができるのも、もしかしたら、これが最後になるかもしれない。

家族とドライブに出かけ、桜を眺めていると、胸がきゅっと苦しくなった。

「ずっと夢だった世界大会にも行けることになって、きっとこのまま東大にも行ける。全部望んでいたことだったのに。僕はふるさととも、家族とも離れて頑張らんといかんのやな…」

「親元を離れ、人の何倍も努力をし、大変なことも多いと思います。いや、大変なことのほうが幸せなことよりも多いのかもしれません」
中学の先生の言葉がふと浮かんだ。

ALTの先生との日々

アメリカで行われる世界大会は、もちろん英語での発表・審査になる。自分の研究の英訳と英語での発表練習が必要だ。論文の英訳・修正は事務局からその分野の研究者の先生をメンターとしてつけていただき、メールでのやり取りを通してサポートしていただくことができる。しかし、口頭での発表・審査の練習は、直前の合宿までサポートはない。担任の先生に相談し、ALTの先生に、ほぼ毎日放課後に発表練習に付き合ってもらうことになった。当初、僕の拙い英語ではなかなかコミュニケーションが取れない時間が続いたし、いきなりセミの研究の発表をサポートすることになった先生もきっと戸惑っていたと思う。

それでも、少しずつ打ち解けていき、本番までの約4か月、ほぼ毎日1～2時間ほど練習を重ねていった。

そして、ついに世界大会前の最後の練習。ゴールデンウイークなのに先生は時間を取ってくれた。

「先生、頑張ってきますね！」と僕が言うと、先生は目に涙を浮かべ、「I'm proud of you.」そう言って送り出してくれた。

はじめは言語の壁があって、なかなか思うように伝えることができない部分が多かったけれど、僕はＡＬＴの先生と宝物のような時間を過ごすことができて、今ではこうして気持ちも通じ合っている。

「行ってきます！！」

最後の練習を終えた僕は翌日、東京へ向かう。

世界大会ＩＳＥＦ

夢にまで見た世界大会ＩＳＥＦの舞台が迫っている。僕は人生で初めてのパスポートをつくり、荷物をまとめ東京へ向かった。ともに世界大会に向かう生徒たちと引率の事務局の方と東京で合流した。僕にとっては初めての海外、そして夢の舞台。心躍らないわけがない。とにかく居ても立ってもいられなかった。

翌朝、僕たちは一路、LAへ。初めての国際線でワクワクしていたけれど、10時間以上も機内にいなくてはいけない事実にびっくりしていた。最初の2〜3時間はワクワクしているけれど、さすがに疲れてくる。「アメリカに行くのって、結構大変やな…」そう思った。機内でCAさんにトマトジュースをたくさんお願いして、何回も飲んでは進まない時間にもじもじしていた。

そして、ついにLAへ到着。息つく暇もなく、アメリカン航空の飛行機で会場のアリゾナへ。今度は機体が小さく、座席もまるでバスのようだ。

「うわ、こんなんで飛べるんかよ…！」

日本だと規格外に体格の大きい方が、いたるところにいることにも度肝を抜かれた。

「僕は違う国に来たんや…」そう思った。

5月でもアリゾナはとにかく暑い。ただ、湿度がないぶん楽だ。「なんか、フライパンの上に乗ってるみたいや」そんなことを言いながら会場を目指す。

会場に着くと、今度は寒くて凍えそうなくらいの冷房が効いている。僕たちはそこで、ポスターを決められた場所にセッティングし、合流した通訳の方と発表練習をした。

ISEFでは約1週間の期間、審査や表彰だけでなく、70か国以上から参加する生徒同士の交流がある。お互いのピンバッジを交換したり、写真を撮ったりと、毎晩パーティーが開催されるのも醍醐味の一つだ。

僕も慣れない英語でどんどん話しかけに行く。

「えーっと、はじめまして…日本から来ました。あなたは?」

そんな調子で会話をしていくが、英語圏の生徒だと相手の喋っていることの半分は聞き取れない。

各国の生徒と話していると、いろんな驚きがあった。

「私の国は経済がまだまだ発展していない。日本のようになれたらどんなにいいか。私の研究で将来きっと祖国に貢献してみせる」

そんなことを僕の目をまっすぐ見て言う同年代に衝撃を受けた。

英語圏の生徒も、英語を全く喋れない生徒も、各国さまざまだったけれど、同じ場に集まれば案外仲良くなれるもの。僕たちはたくさんの仲間と出会い、連絡先を交換し、写真を撮り、話をし、そして踊った。

いよいよ審査当日。僕は現地の食べ物が合わなかったのか、お腹を壊し、直前までトイレに籠りきりだった…。

自分では難しい部分は通訳の方にサポートしてもらいながら、ブースにやってくる審査員からの質問に答えた。

「あ、これは響いてないな…」

「意外と好感触かも…!」

審査員ごとに一喜一憂しながらも何とか受け答えをしていく。長い一日が終わった。

翌日は、一般公開の日。現地の小中学生や地元の方がブースにやってきた。僕たちも法被(はっぴ)や浴衣を着て、前日とは打って変わって、楽しい雰囲気だ。

家族連れで僕の研究を聞いてくれる人たち。「10年くらい前に、死ぬほど、お前の研究のやつと似た…セミ! そうセミが出てきて、大変だったぞ!」と興奮して話すおじさんとも出会った。自分に対して好意を持って接してくれているかどうかは言語の壁があってもお互いわかる。たくさんの素敵な出会いがあった。

僕のブースの近くの、コロンビアから来た生徒2人組とも仲良くなった。彼らは一切英語が喋れないという感じだったけれど、お互い身振り手振りで連絡先を交換した。

した。

「今回の受賞で僕たちはとっても有名になったよ！」と後日チャットが返ってきたりした。

そして、その夜。まずは特別賞の発表だ。科学の研究の大会とは思えない。会場には照明や音響が入り、専属のＤＪがいたりするのだ。Googleだとか、アメリカ空軍だとか、とにかくいろんな団体の賞が発表される。期待して待ったけれど、僕の名前は呼ばれなかった。

翌日、最後の本賞の表彰式が行われた。ここで受賞するのが僕の夢だった。陸上の大会の何百倍もかっこいい。そう思った表彰式だ。ノリノリの音楽と照明で表彰式が始まった。下の賞からアナウンスがある。一つ一つ発表を待ったが、「Taichi Yaguchi」と呼ばれることはなかった。

表彰式が終わった。僕はボロボロ泣いて、その場から動けなかった。夢だった世界大会での賞は取ることができなかった。ホテルに帰ってからも、同じく受賞できなかったルームメイトと一緒に、ベッドに突っ伏して泣いた。

次の日、会場のポスターを片付けながら、僕は夢の舞台が終わったことを少しずつ実感していた。

僕たちがあまりに落ち込んでいるのを見かねたのか、事務局の方が現地のメジャーリーグ観戦に連れて行ってくれることになった。ぽーんと飛んでいくホームランを、僕はぼーっと眺めていた。

「そうか、僕は賞を取れなかったんだ」

その思いが僕を包んでいた。

抜け殻の日々

世界大会ＩＳＥＦが終わって、帰国してからも時差ぼけで数日間はぼーっとしていた。家族から声をかけられても、学校で先生や友人から声をかけられても、どこか上の空だった。数日経って、時差ぼけは治ったはずなのに、僕は変わらずぼーっとしていた。

「負けたのか」

表彰式が終わって、ポスターや展示品を片付ける時の風景が、ずっと頭の中で再生されていた。そうか、世界大会は終わったのか。僕は、賞は取れなかったのか。憧れの表彰式のステージには登れなかった。

そして、各国からの参加者の言葉や表情が何度も浮かんだ。

「この技術があれば、私の国の人たちの命を救えるかもしれない」

強烈な光と、ずっと憧れていた舞台で「夢破れた」喪失感。世界の仲間たちの想い
…。

僕は気持ちをうまく消化できず、日常に戻れないでいた。そうこうしているうちに、汗ばむ季節になり、セミの鳴き声が聴こえるようになっていた。僕は、ぼんやりと受験勉強を形だけ取り組みながら、セミの鳴き声を聴いていた。小5以来、初めてセミの自由研究をしない夏だ。

「僕は、今何をしてるんだろうか…」

世界大会から帰ってきて3か月、僕はまだ抜け殻のままだった。

資金難

父の会社が今度の今度こそやばいみたいだ。家計簿をつける母のため息、父の顔を

見てもそれがよく伝わってくる。

「お金、あとどれだけもつの？」と僕は母に聞いた。

「うーん、あと2か月分もないくらいやわ」

　母が無理やり笑ってそう言った。

「そうか…」

　これまでも潰れかけた場面を何度も切り抜けてきたけど、今回ばかりは厳しいのかもしれない。高校3年生の僕に何ができる？　弟と妹もまだ小さい。僕は家族のために何もできない。その無力さが悔しくてたまらなかった。

　父が銀行に融資のお願いをしに行く日。久しぶりの大雨だった。長男として、側で見てきたからわかる。今日ダメだったら、僕ら一家は後がない。東大だとかそういう話ではなくなってしまう。大雨の中、父の背中が見えなくなるまで見送りながら、涙がこぼれないようにこめかみにぎゅっと力を入れていた。

「神様、お願いします。今の僕には何もできない。早く立派になって、たくさんお金を稼いで、皆のためになることを必ずやりますから。困ってる人のために必ずやりますから。お願いします。どうか、どうか、我が家を助けてください…」

お金と幸せ

僕は、父の商売が苦しくなったとき、大学進学後に仕送りがなく苦労したとき、「お金さえあれば、僕たちは幸せになれる」そう思っていた。だから、今の状態を抜け出そうともがいてきた。ただ、今になって「お金」で困ることがなくなって思うこと、それは「お金がないことで不幸になることはある。でも、お金があるから幸せになるわけじゃない」ということだ。

僕は「お金」に困らなくなって、日々の些細なストレスは大きく減った。スーパーで1円単位で値段を気にすることも、数か月後に路頭に迷う心配もしなくてよくなった。けれど、思っていたような幸せは訪れなかったように思う。「お金がないことで不幸になる」可能性がなくなっただけだったのだ。ただ、今、目の前にはたくさんの選択肢を用意することができるようになった。海外旅行だって、趣味だって、好きなファッションだって、やりたい！ と思うことの大抵はできるのだ。今僕は、自分の幸せをどう実現していくのか、そんなことも人生の一つ

——のテーマとして向き合っている。——

推薦入試

紆余曲折ありながら、何とか父の会社の資金繰りが当座はしのげることになった。もちろん、これからもっと頑張らなくてはいけないけれど、最悪の事態を一旦は回避できたようだ。

「よかった…」何とか、僕が大学に入学するまでは大丈夫だと信じたい。

夏休みが終わり、高校は少しずつ受験モードの雰囲気になってきていた。なんか息苦しいなとも思ったし、世界大会までの刺激的な毎日に比べて、淡々と勉強に打ち込む期間は正直落差が大きかったこともあって苦痛だった。なかなか集中できない瞬間も多かったけれど、少しずつ勉強に取り組んでいく。

そんな中で僕の息抜きは、百人一首の和歌を毎日一首、解説までじっくり読むこと。僕はこの頃から古典が好きで、心が疲れたときはこうして古典の本を開いていた（25歳になった今でも一番読んでいる本のジャンルは古典だ）。

そして、隔週くらいの間隔で休日に模試が予定されるようになった。模試の点数を確認しては、理解できていないところを対策して…とできればいいものの、休日に模試があって、また週末に別の模試があって、と復習をする時間も気力も残っていない。「模試を詰め込むのも考え物やなあ」そんなことを思いながらも決められている以上は仕方がない。適度にこなしていった。

12月頃から、センター試験（今の大学入学共通テスト）形式の問題を解く授業に切り替わった。毎日各教科の問題を解くわけだが、これもまた、復習する時間もない。僕は自分が復習できる量の問題以外は、演習中にこっそり参考書を読んで、こちらも適度に力を抜いていた。

ただ、こうして書くと誤解がありそうなので強調しておきたいのは、3年間の高校生活の中で、学校で与えられた課題（特に数学）や自分なりに考えた勉強には日頃からしっかり取り組んでいたということだ。勉強時間という点では四六時中やっていたわけではないし、大学受験をまだ経験していない一高校生が塾に行かずに立てた「勉強計画」なので無駄が多かったけれど、とにかく、ちゃんと勉強には取り組んでいた。「適度に力を抜いていた」というのは、僕の立てた計画を自分のペースで取り組んでいた、という意味であることは強調しておきたい。合格体験記にありがちな「僕、勉強してないですよ」ということが言いたいわけでは決して、ない。

そして、12月中旬に東京大学の推薦入試の面接があった。面接の前にも、自身の取り組みのPRや大学で学びたいこと、小論文、推薦書などを準備して出願し、書類審査をクリアしての面接になる。この面接結果とセンター試験の点数で合否が決まる。英語での質問があった場合に備えて、ALTの先生にも久しぶりに練習に付き合ってもらった。

入試前日に僕は1人で東京に向かった。

本郷キャンパスの指定された建物のそばに30分以上前に着き、近くのベンチに座って、英語で答える練習をしていた。

すると、係の男性がこちらに向かってきた。

「受験される方ですか？　寒いでしょうから、中へどうぞ」

あ…ありがたいけど、練習したかった…！！　でも、声をかけていただいた以上は仕方がないので、中に入り、待合室に座った。

何人かが座っているが、やはり受験ということもあって静かだ。心臓の音が聴こえる。「15分後には面接してるのか…」いつかと同じことを考えていた。僕の番号が呼ばれた。面接の部屋に向かう。ノックをする。

「失礼します！」

面接が終わった。ものすごく緊張したけれど、全体としては楽しくお話しできたと思う。ただ、合格するかどうかなんて、自分ではわからないから、いろんなところをこうすればよかった、あそこはこうすれば…と引きずりながらも、僕は面接を終えて、三重へ帰った。次はセンター試験だ。

センター試験

面接が終わってからの1か月弱は、センター試験に向けた追い込みの期間だった。とにかく問題をたくさん解く！　という周りの雰囲気を尻目に、僕は倫理・政治経済を社会の受験科目に選択していたので、その教科書や参考書を楽しく読む、そんなことをしていた。面接が終わって少し気が抜けたのか、2回くらい体調を崩して学校を休んだりしたけれど、順調に勉強を進めていった。

そして、センター試験当日。伊勢では珍しく雪が降った。僕らは伊勢高校の隣にある皇學館大学が受験会場だったため、いつも通り登校してから会場に向かった。

自分の名前などをマークミスしていないか、それだけが気がかりだったから、何度も入念にチェックする。

「それでは、始めてください」センター試験が始まった。


2日間の試験は終わってみればあっという間で、僕たちは月曜日に高校で一斉に自己採点をしていく。午前中で一通り自己採点を終え、点数を確かめる。基準の8割の点数は問題なくクリアしていたようだ。「あとは、面接の結果次第か…」

お昼前に学校が終わって、僕は父の町工場に寄ることなく、ずっと先の山の方まで無心で自転車を漕いでいた。集落を抜け、登山口まで来た。

「あれ、なんでここまで来たんだろう…」

今になって、足に疲労感がある。僕はきびすを返し、ゆっくり自転車を漕いで父の町工場まで引き返した。僕にできることはもう全て終えた。

合格発表

2月上旬、合格発表の日。正午ぴったりに発表がある。僕は午前中に父の町工場に着いて、父と母の3人で合格発表を一緒に見ることにした。どうしたって落ち着かない。緊張のあまり少し吐き気がする。

僕は居ても立ってもいられず、外に出ることにした。近くの公園に立ち寄る。平日の日中ということもあって、人影はない。ブランコに乗ってみた。久しぶりに乗った気がする。

「そうか、今日は人生の分かれ目か…」そうつぶやいた。ブランコを漕いでもなかなか時間は進まない。僕はずっとブランコを漕いで時間をつぶした。

発表の20分くらい前に僕は町工場に戻った。パソコンを開いて、発表のサイトを開く。あと15分。心臓が高鳴ってきた。頭がすーっとしてきて、また吐き気がする。

11:58、11:59、12:00

時間だ。心臓がどくんと跳ねた。サイトを更新すると、合格者の番号が載っているリンクが表示された。クリックする。ぱっと、合格者の番号の表がならんだ。

「えっと、あれ…ない？？？　落ちたかも…」

すっと背筋から冷たくなる。まじか…。

「えっ」と母が声を漏らした。

改めて受験票を確認してみる。番号を覚え間違えていたのかもしれない。

もう一度目を凝らしてみる。

「あ…あった！！　あった！！！」

もう一度確認してみる。

「あった！　…あった！！！　…合格やー！！！！！」

東京大学への進学が決まった。

高校の先生や、お世話になった大学の先生などに連絡をしなくてはいけない。

夢の東京大学だ！！！！

東京での日々が始まる。

今、お金ないな

東京大学への進学が決まってからの2か月弱の期間は、引っ越しの準備と奨学金探しに追われていた。

「日本一の大学に行くんだ、きっと奨学金があるに違いない！」

ずっと伊勢で育った僕は、「日本で1番の大学」に通う東大生は日本の将来を背負う人材なのだから、貧しくても、素晴らしい支援や奨学金が、国や大学、民間からも、きっと受けられるに違いない！　そう信じていた。

商売の家の長男として、家業の状況は兄弟の中で一番敏感に感じている。

「今、お金ないな」

なんならここ5年くらいで一番よくない。今、僕が「大学に行くから」とこの家に出費を強いれば、早晩立ち行かなくなることはわかっている。「奨学金を借りる」と言えば、きっと両親は月に1万円でも仕送りをしようとするはずだ。ただ、今の我が家ではそのわずかなお金も命取りになる。そのことは僕が一番よくわかっている。僕は家族には1円もお金の迷惑をかけない、と決めた。というよりも大学進学後に仕送りがないことは、言葉にしないけれど「暗黙の了解」のような形でいつの間にか家族の間で決まっていた。

ネットでひたすら検索し、奨学金をリストアップしていく。

休みが続き、気が抜けて昼から寝転がっていた僕は、パソコンを開いてFacebookを眺めていた（大学1年生の9月までスマホを持っていなかった）。するとある投稿が目に留まった。知らない投稿者だけど、「友達」がいいねをして、流れてきたみたいだ。

「孫正義育英財団という財団ができた。異能を支援する財団で、国際大会や国内大会で優秀な成績を収めた者などが選ばれるらしい」

ふーん。せっかくだし、応募してみるか。今まで調べていた奨学金とはちょっと毛色が違う募集要項だけれど、出すのはタダやんな？　と、思い切って応募してみることにした。必要事項を入力して送信する。

この何気ないエントリーが、その後の大学生活4年間を左右するとはその時は思いもしなかった。

「一度は自分でやってみること」

卒業式も終え、東京へ向かう日が迫る3月下旬、僕は校長先生から頼まれて、在校生に向けてセミの自由研究を発表することになった。そして、僕の発表の前には、東京大学を卒業後、東証一部上場企業（現在は東証プライムに上場している）を創業した若手経営者の方の講演が行われていた。講演終了後、校長先生は僕のためにと、その経営者の方と直接校長室でお話をする時間を作ってくれたのだ。僕にとって、上場企業の社長さんと直接話すのはもちろんこれが初めてだ。緊張するけれど、新生活が迫る高揚感からあまり怖気づくことはなかった。自分の自由研究のこと、気になったことを話した。

「僕は大きなプロジェクトを指揮するような人になりたい。自分のできないことも、できる人とチームを組んで適切にお願いできる、そんな人になりたいと思っています」と僕は言った。

すると、今まで笑顔で話を聞いていてくれていた社長さんは、ニコっとはにかんだ後に、真剣な目をして僕を見た。

「矢口さん、今日あなたとお話しして、これからの将来が本当に楽しみだと思いました。私からもし、アドバイスできることが一つだけあるとすれば、それは…」

「まずは一度必ず自分で全てやってみるということです。私自身は設備を作る時も、パイプの図面一つ一つまで自分で描きました。びっくりするでしょう？　矢口さん、あなたなら一度やればきっと要点を掴む。でも、まずは一度、必ず、必ず全てを自分の手でやってみること。このことだけアドバイスしておきましょう」

そして、またニコっと笑った。

東京へ！

ついに東京へ出発する日がやってきた。引っ越しは全部一人ですることになった。荷物は段ボールで東大の寮に送ったので、あとは身一つで向かうだけだ。

よく晴れた日だった。

伊勢市駅の改札まで父と母、弟と妹が来てくれた。

これから何も知らない土地で一人で生きていく。その重みが僕の体と心にぎゅっとのしかかった。両親から借りた50万円と祖父母から借りた50万円、自由研究の賞金などで貯めたわずかばかりのお小遣い（入学金の支払いでほとんどなくなってしまった）だけが頼りだ。今日からの日々は、全てを自分一人でやらなくちゃいけない。お金もとにかく何とかするしかない。

東京に親戚もいなければ知り合いもほとんどいない。リュック一つだけを背負っての片道切符。夢の東京大学への進学だけれど、正直不安で仕方なかった。

「いつでも帰ってこい！」そう家族は言ってくれるけど、お金の意味では「帰る場所」はどこにもないのを僕は知っていた。

これから一人で、生き抜いていかなくちゃいけない。お金も生活も全部自分で何とかするんだ。父の商売がどうなっても、弟と妹だけは大学に行かせてあげなくちゃいけない。僕は早く立派になるんだ。そのためにも（奨学金がたくさんあるに違いない）東京大学を選んだ。絶対に家族に迷惑をかけるわけにはいかない。

「みんな、行ってきます！！　元気でな！」

改札で笑顔で手を振った。階段を上る。家族が見えなくなった。階段を上りながら、気が付けば僕は歯を食いしばっていた。視界がぼやける。涙が頬をつたっていた。

本当は不安で不安で仕方なかった。怖くて怖くて胸がつぶれそうだった。

どうやってこれから生きていけばいい？　こんなお金でやっていけるわけないじゃないか。

そうか、僕はもう1人なんだ。本当にもう1人なんだ。何かあったら父と母に助けてもらえる昨日までの日々にはもう二度と戻れない。近鉄の電車に揺られながら、家族との思い出が詰まった景色を窓からずっと眺めていた。

スタートライン

18歳で上京してからたくさんの人と出会う中で、ある時ふと気づいた。

僕がこれまで必死にもがいてきたのは「スタートラインに立つための努力」だったんじゃないのか？　ということだ。

東京大学に行くんだ！　と、周りの目を気にしながら、何度も折れそうな心を奮い立たせて「旗」を掲げながら踏ん張らなくたっていい世界があるということ。明日を生きるお金をどう工面するかにエネルギーの大半を使い果たさなくとも、運転免許だって、海外経験だって、いろんな経験に「自己投資」できる世界があるということ。僕がこの「スタートラインに立つための」戦いを途中棄権すれば、きっと僕には「才能がなかった」「根性がなかった」、そんな評価がなされるであろうということ。そのことに気付かなかった。

僕は「スタートラインに立つための努力」の過程で何度も心が折れそうになった。何度も負けそうになった。そして今僕は、自分たちの立つ場所のはるか先に「スタートライン」があることさえ知らない「普通の人たち」がたくさんいることも知っている。

この社会の全ての人のバックグラウンドを同じくすることなど不可能だ。そんなことはできない。ただ、この社会に生きる人たちが、僕のような「普通の人たち」が、「スタートラインに立つための努力」を少しでもしなくて済むように力を尽くすことはできるはずだ。僕はそのために力を尽くしたいと思う。そして、「スタートラインに立つための努力」を必死にしている人たちの口から「自分は才能がないから」「根性がないから」、そんなことを言わせたくない。

この社会の「ルール」を決めるのは、「スタートライン」に立ち、それぞれのレースで先頭を走る人たちだ。「スタートラインに立つための努力」をしなくちゃいけない僕たちは、その「ルール」を決める人になれる可能性は必然的に小さくなってしまう。その結果として、僕ら「普通の人たち」から大きく距離のある「ルール」が（悪気なく）作られることになってしまう。

だからこそ、僕たちは、何としてでも「スタートラインに立つための努力」を続け、「スタートライン」に立ち、「ルール」をつくる土俵に立たなくちゃいけない。そして、後に続く仲間たちの「スタートラインに立つための努力」を少しでも小さくできるよう力を尽くすのだ。

3章　祖父母のお金

東京大学三鷹国際学生宿舎

「ここか…！」

スマホを持っていなかった僕は、事前に印刷していた路線図を見ながら、何とか吉祥寺駅に着いた。駅前にドラッグストアがあったので、とりあえず歯ブラシと歯磨き粉を買うことにした。

「どれを買おうか…」今までは母の買い物に「ついていく」ことは多かったけれど、どれを買うかを「決める」ことは多くはなかった。

「これでいいかな…」一番安い歯磨き粉を手に取ると、いつも家で使っているのと同じものだったことに気が付く。

「そうか…。今まで、もっといいやつ買ってよ！　ってねだっていたけど、自分で買うってこういうことなんか…」

胸がちくりと痛んだ。

バスに乗り、20分ほどで最寄りのバス停に着いた。地図を広げ、寮に向かって歩く。5分ほど歩くと、むき出しのコンクリート壁の年季の入った建物が並んでいた。

「東京大学三鷹国際学生宿舎」

ここか…。思っていた何倍も「ぼろい」。そんな印象だった。

指定されていた時間が近かったので、共用棟へ向かう。留学生も多いみたいで、中国語や韓国語の会話も耳に入ってきた。寮生活の説明を受け、鍵を受け取って部屋に向かった。

「おお…狭い…」

通路とベッドがある。そんな小さな部屋だった。

そして、いくつか先に届いていた段ボールからトイレマットを取り出し、トイレを開けた。少しずつ生活環境を整えていかなければ…！

「え…？　トイレ？　シャワー？？」

衝撃だった。トイレの個室にシャワーがついているのだ。「トイレとシャワーが同じ」ということは事前の資料を見て知っていたけれど、いわゆるビジネスホテルのようにトイレがあって、シャワーカーテンで仕切った先にバスタブがある、そんなものをイメージしていた。実際は、トイレの一室にシャワーがついていたのだ。シャワーを浴びれば、トイレは水浸しだ。

「トイレマットとかは、置けへんな…」

がくっと肩を落として僕はその場にしばらく固まっていた。

「キラキラ」とは程遠い、大学生活が始まった。

情報戦

東大では伝統的に、3月の入学前に「オリ合宿」という、クラスメイトと一つ上の学年の「上クラ」の先輩と旅行に行き親睦を深めるイベントがある。そこで大学生活のこと、授業の履修のことなどの情報をゲットするのが伝統だ。ただ、僕は全部一人で引っ越しをしなくちゃいけないし、「オリ合宿」のお金ももったいない（というより生活費すらない…!）ということで、参加していなかった。


4月になり、大学生活がスタートした。

三鷹寮から最寄りの吉祥寺駅までは自転車で20分ほど。そこから大学まで電車でさらに20分くらい。8：30の1限に間に合わせるには、待ち時間を考えると、7：30には家を出なくちゃいけない。全力で自転車を漕いでいく。しかし駅に着いても、自転車を停める駐輪場の空きがない。月極の駐輪場は空きが出るまで半年くらいかかるそうだ。とりあえず申し込みはしたけれど、当分は一日100円の臨時の駐輪場に停めるしかない。臨時の駐輪場も僕と同じ境遇の人たちですぐにいっぱいになってしまう。

「すみません…停めたいんですけど…」

「満車って書いてあるだろ！　よく見ろよ！　無理無理！」

朝8時前に吉祥寺駅の前で呆然として、立ち尽くしていた。

「え、こんな都会でどこに停めればいいんや…？　授業…」

僕は近くにある井の頭公園に向かって自転車を走らせた。井の頭公園駅近くの駐輪場には空きがあったみたいだ。駆け込んで100円を払って自転車を停める。係のおじさんはさっきよりもだいぶ優しかった。僕はダッシュで電車に飛び乗った。

とにかく目が回るような毎日だった。

東京大学の駒場キャンパスは、伊勢高校とは比べ物にならないくらい敷地が広い。授業の合間の教室移動だけでも一苦労だ。科目ごとの先生によって、授業のテイストも全然違うことも驚きだった。そして、東大には「シケタイ」という伝統があり、各クラスで各教科の試験対策を担当する係が決められるのだ。授業のまとめプリントを作ったり、過去問を先輩から集めてきたりする。「逆評定」という冊子も出回っていて、各教科の先生の授業や試験について、仏や鬼という学生からの「評定」がまとまっているのだ。

東大での授業、学生生活は「情報戦」なんだ、ということにしばらくして気づく。母校の先輩とのつながりがない地方出身の学生にとって、「オリ合宿」で先輩とつながったり、クラスメイトと情報共有したりすることが大事な世界だということに今更ながら気づく。

「あーこれ、完全に乗り遅れたな…」

それでも、何とかクラスメイトとも仲良くなり、授業でわからないところ、履修のやり方、そんな情報を最低限は共有できるようになっていった。

奨学金がもらえない？

そして、僕にとっていきなりの試練が降りかかった。

東京大学では、僕が入学した当時、大学の事務から一括で民間などの奨学金の申請をすることになっていた。そこで両親の収入や家族構成など、いろいろな基準で上から順に奨学金が振り当てられるという仕組みだった。一定の所得水準以下の家庭の学生に給付される国の奨学金は、僕が入学してからしばらく経ってからできたものなので、当時は授業料の減免制度のみだった。

さすがに、何かの奨学金はもらえるだろう。そう信じていた僕に、事務室から連絡が入る。

「残念ながら、奨学金の枠から漏れました。一括30万円の奨学金○○の補欠枠にかかった場合は希望されますか？」

これを聞いたとき、僕は何のことだかわからなくなった。あれ？　東大に行ったら奨学金があるんとちゃうんか…。早くもあてが外れた僕は、寮の部屋の中でただぼーっと壁を見つめて、これからのことを考えていた。

結果、一括30万円の奨学金をいただくことができ本当に助かったが、4年間の学費と生活費を考えればほとんど状況は変わらない。「首の皮一枚つながっただけの状態」とはまさにこのことだ。

孫正義育英財団の面接

そんな僕にも一つの希望があった。伊勢にいる頃に応募していた孫正義育英財団の書類審査に通り、面接審査の案内が来たのだ。

スマホを持っていなかった僕は、家で何度も乗り換えを調べて、手帳にメモし、4月末の休日に汐留のビルに向かった。今まで入ったことのない大きなビルの中で、指定された会場に向かう。何人か面接に来たであろう人たちが緊張した面持ちで待っている。なにせ1期生の募集なので、そもそもどんな財団なのか、誰がいるのかもよくわからない。

自分の出番が来たので、面接のマナーを思い出しながらノックをして部屋に入る。面接担当の方が2名座っていた。僕は、内閣総理大臣賞を受賞したセミの研究やこれまでのことを、用意してきたスライドで発表した。面接担当の方の反応もそんなに悪くなさそうだ。

そんな雰囲気もあってか、僕はプレゼンの最後になって、練習していなかった言葉が自然と漏れた。

「僕はこの4月に三重から上京してきました。ずっと夢だった東京大学です。でも仕送りもなくて、大学から申し込める奨学金も全部落ちて…どうしていいかわかりません。でも勉強したいことがいっぱいあるんです。僕に学ぶチャンスをください。必ず…必ずいつか恩返ししますから…僕に学ぶチャンスをください…」

カルチャーショック

東大の前期教養学部の授業の必修科目ではなじみのあるクラスメイトが多くいるのだけれど、文理問わず、受講する授業では初めましてのメンバーが多くなる。そのうちの一つが英語の授業だ。カタカナ英語の域を出ない僕を尻目に、ペラペラと流暢に英語を話す受講生たち。話を聞くと、小さいころ海外に住んでいたとか、何かのプログラムで海外に行っていたとか、そういう人が少なくなかった。

「夏休みどうする?」

「海外行こうと思って！」

「え？　私も！　どこ行くの？」

そんな会話が授業の合間やキャンパスで耳に入るたびに、僕は違う世界に迷い込んだ気がしてならなかった。

「せっかくの大学生活、どうして海外経験しないの？」

そう言われている気がした。でも、今の僕には生活費すらない。４年間、親に頼らず生き抜かなくちゃいけない。リベラルアーツ？　勘弁してくれよ、と正直思っていた。僕は教養なんかより、生きていくことに精一杯。運転免許もみんな取りに行くらしい。でも、車の免許にお金を使うくらいなら、明日も生きるためのご飯や寮費、教科書代に回さなくちゃいけない。

理系だけれど本当は大好きだった古典や歴史の本を読むなんてことはなくなっていった。そんな心の余裕はどこにもない。ずっと遠い将来に役に立つかもしれない教養なんて、僕の人生を豊かにしてくれるかもしれない教養なんて、今日一日を生き抜くのに必死の僕にとっては何の役にも立たない。

奨学金が決まらない中、三鷹寮から東大までを往復する日々。僕みたいにお金がない学生が周りにはほとんどいないことにも衝撃を受けていた。両親の職業の話題になっても、びっくりするくらい「凄い」人が親だったりする。

「大変なところに迷い込んでしまったのかもしれない…」

ただでさえ、慣れない土地での一人暮らしだ。伊勢高校での勉強ともわけが違う。何より、4年間を乗り切るための奨学金を必死で探し、節約し日々を生きている僕がそんな「小さなこと」で心をすり減らしている間に、同級生たちは勉強に集中したり、海外で経験を積んだり、「有意義なこと」にエネルギーを注いでいる。僕みたいな貧乏人はこんなところにいる資格はないのかもしれない。日々の何気ない会話でそのことを突きつけられるような気がして、気づけば心がすり減っていった。

人は長期的な最低限の保障がなければ、未来に向けた努力を落ち着いてすることなんてとてもできない。そのことを身に染みて実感する日々だった。

お金なら何とかならない

「お金なら何とかなる」と人は言うけれど、「何とかしてくれる人」はほとんどいない。「お金がない」ことで、当事者にしかわからない精神的なストレス、制約、いろんなことが迫ってくる。

例えば奨学金を例に挙げても、振り込まれるタイミングがいつなのか、で同じ金額でもできることは大きく変わる。1年間海外に行ってきていいですよ！と奨学金をいただけたとしても、仕送りもなく、貯金もわずかな学生からすれば、どうやって立て替えればいい？　もしも振り込まれなかったらどうしよう？（心配しすぎ？　でももしそうなったらゲームオーバーだ）、最終的な支給に必要な細かい条件をクリアできなかったらどうしよう？　と不安や懸念点はたくさん出てくる。「結果として」必要な額を全ていただけても、何かあったら両親に助けてもらえる家庭と、そうでない家庭では、不安も精神的なストレスも大きく変わってくるのだ。社会人になり、お金の心配がなくなって楽になったことは、買い出しの時に「一番安い歯磨き粉」を探さなくてよくなったことだ。こんなにも心が楽になるのか、と衝撃を受けたことを今も覚えている。

伊勢に逃げる

「もう限界だ…」

7月末の期末試験が始まる6日前、最後の授業が終わった僕は、試験前半の教科の教科書だけを持って、品川駅から新幹線に飛び乗っていた。

押しつぶされそうな心を、何とか、何とか抑えていた。

名古屋で新幹線を降り、近鉄線に乗り換える。伊勢が近づくに連れて、耳慣れた駅名が一つ一つ聞こえてくる。深夜、明野駅に着くと、いつもならとっくに寝ているはずの父が車で迎えに来てくれていた。

「おかえり。早かったな」

「うん。ありがとう」

5分ほどでマンションの駐車場に着いた。ふと空を見上げると一面にたくさんの星が光っていた。こんなに星ってあるんか。東京では見たことなかった気がする。マンションの階段を上り、家の扉を開けると、玄関の前で母と妹が待っていた。

「ただいま」

僕を見るなり、二人は声をあげて泣きだした。戦っていたのは僕だけじゃなかったのかもしれない。ぎゅっと小さくなっていた心が、ふっと緩んだ。

数日実家で過ごした後、最初の試験がある日の午後、授業の1時間前にキャンパスに到着。何とか試験を乗り越えた。

質問攻め

そんな僕だけれど、「日本で1番」の東京大学にはきっといろんなチャンスがあるに違いない、と希望も持っていた。

僕は学期初めに配られる分厚い授業のシラバスから、外部の講師がくるオムニバスの授業をいくつか選んで受講することにしていた。

オムニバスの授業の教室に行ってみると、ほとんどの場合、前方の席には学生が座っていない。僕はせっかくの機会なので一番前に陣取って、講師の方の授業を聴いていた。こうした授業でも、さすが東大！ と思ったのは、どの講師の方々も「偉い」方ばかりなのだ。上場企業の経営陣や政府の幹部、一流の研究者。

三重にいる頃には聴いたこともない話が次から次へと出てくることに感動し、気づけば何度もうなずいて聴いていると、次第に講師の方も僕のほうを見てお話ししてくださるようになっていく。そして、授業が終わると、僕は一目散に駆け寄って、自分で作った「セミの名刺」を差し出し、質問を毎回の授業終わりにしていた。僕にとっての本番は、授業中ではなく、授業終わりの時間だったのだ。

「あの…僕…矢口太一といいます。すっっっごくお話面白かったです！！！！」

「僕も〇〇さんみたいな経営者になりたいです。僕と〇〇さんの一番の差は何で、僕は何をどうしたらそうなれるんですか？？」

「〇〇さんはどうやって政治家になったんですか？ その前は何をしていて、何がどうなったらそんな話になるんですか？？」

要は、あなたのようになるために、僕はどんな一歩を踏み出せばいいですか？ どう歩んでいけばいいですか？？ そんなことを、時には緊張しながら、時には目を輝かせながら、三重弁丸出しで毎回の講師の方に食いついていた。

気づけば1時間、2時間と講師の方をつかまえて、質問攻めにしてしまっていたこともしばしばだ。

そして、家に帰って改めてその日お話しした講師の方をｗｅｂで検索し、「なんて偉い人を2時間も質問攻めにしてしまったんだ…申し訳ないことをしたな…」と赤面するなんてこともしばしばだった。

それでも僕は、血縁も地縁も何もない、この東京で、自分の未来を掴むことに必死だった。

温かい居場所

そんなある日、パソコンのメールボックスを確認すると、1件のメールが届いていた。

「孫正義育英財団 審査結果について」

胸がドクンとした。結果が来たのか…。正直、立ち上がって間もない1期生の募集ということもあり、もともとこの奨学金の存在を前提に大学へ進学したわけではなかった。けれど、東大の一括での奨学金申請もうまくいかなかった以上、今では最後の頼みの綱になっていた。

メールをクリックして開く。

「財団生として認定」

え？　まじか…。まだどういった支援をいただけるかはっきりとはわからなかったけれど、もしかしたら僕は助かったのかもしれない。

「これで、大学通えるんか…」

正直、あまり実感はなかった。いつもの僕なら「よっしゃー!!!」とガッツポーズするところだろうが、人間、あまりに大事なことって実感が湧かないときもあるみたいだ。

「そうか、そうか、これで卒業までちゃんと勉強できるんか」

ここまでの人生、本当に運が良かったのかもしれない、と思った。セミの研究との出会いもそうだけれど、東大の推薦入試も僕は2期生、孫正義育英財団も1期生と、数年僕が生まれるのが早ければ、または、そうした枠組みが生まれるのが数年遅ければ、僕の人生はきっとまた違うものになっていたはずだ。

「三重に帰ったら、ちゃんと神社にお詣りに行かんとあかんなあ」


孫正義育英財団の財団生に選ばれて以来、僕は渋谷に開設された財団生専用の施設Infinityに、授業終わりに入りびたるようになっていた。そこに集う他の財団生やスタッフの方たちと話すことが僕の生活の中での大切な時間になっていた。


18歳の自分より10歳若い財団生から、5歳くらい上の財団生まで。コロナ禍になるまでの数年間は特に、親戚の集まりのような空間が毎日そこにはあった。

「僕、将来どうやって頑張ったらいいですかね」

「仕事って面白いですか?」

「研究者ってどんな感じですか?」

「子どもが生まれたら生活どう変わりますか?」

とにかくいろんなことを、財団生の仲間、先輩たちから教えてもらった。20歳になって初めてお酒を教えてくれたのも財団の先輩だ(お酒を飲むときはちゃんと同じ量の水も飲むこと! この教えは今もちゃんと守っている)。

今振り返れば、このInfinityという財団生専用の施設がなければ、僕は毎日を過ごし乗り越えることはできなかっただろうと思う。本当に温かい居場所だった。

成功と幸せ

孫正義育英財団の付き合いの長い友人と、「成功を幸せのファクターにしてはいけない」という話で盛り上がったことがある。彼とは財団に入ってから8年ほどの付き合いで、お互いのうまくいっている時期とそうでない時期を知っていた。人間誰しも「うまくいっている時期」は気分がいいものだ。周りからは褒められるし、自分自身の達成感もある。承認欲は満たされやすい。ただ、チャレンジをすればするほど、社会経済的な物差しでの「成功」には波が出てくるし、（少なくとも相対的に）「うまくいかない時期」は訪れる。そんな時こそ「頑張りどころ」なのだけれど、「成功」を幸せのファクターにしていると、一気に元気がなくなってしまう。頑張るエネルギーが枯れてしまう。何より、「成功」の波に自分の日々の幸せが振り回されてしまって毎日が楽しくない。だから、毎日を楽しく生きるためにも、「成功」を掴むためにも、「成功を幸せのファクターにしてはいけない」と思う今日この頃だ。何でもない日常に幸せを見つけることが、当たり前だけれど大切だと思う。ただ、運よく人から大々的に褒められる経験をしてしまうと、その快感に溺れて、麻痺してしまうということは僕自身も経験してきた。日々の幸せと「成功」を切り離すのは案外難しい。

孫さん

2017年12月、今日は孫正義育英財団の年末活動報告会の日だ。孫さんをはじめ、ノーベル賞受賞者の山中伸弥さん、永世七冠を達成したばかりの羽生善治さん、五神真東京大学総長（当時）など錚々たる皆さんがいらっしゃるということもあって、少し緊張感がある。渋谷の財団生専用の施設がいつもとは違う雰囲気になっている。会場に早めに着いた僕は、仲のいい財団生と談笑していた。

その時、会場に孫正義さんが入ってきた！

鼓動が一気に高鳴った。

孫さんがこの財団に込めた思いや激励を僕たちの前で話している。

孫さんが目線を変えるたびに、取材に訪れた記者さんたちのカメラのフラッシュがたかれる。

孫さんのあいさつが終わった。

僕は駆け寄った。

「孫さん、セミの研究の矢口太一です。僕、お金がなくて…この財団がなかったら大学に通うことができませんでした。でも、この財団のおかげで大学で研究できます。学ぶことができます。本当に…本当にありがとうございます…」

気づけば僕は目がうるんで、喉が詰まって、それ以上言葉が出てこなかった。そんな僕を、必死で涙をこらえる僕を見て、孫さんはにこっと笑った。

孫さんにお礼を言った後、華やかなパーティーの中で僕は一人号泣していた。

涙が止まらなかった。

「ありがとうございます。ありがとうございます」

何度も心の中でそうつぶやいた。

正財団生合格

しかし、僕にとっての「大学生活を4年間過ごすためのお金がない」という問題は実はまだ解決していなかった。孫正義育英財団では基本的に、まず準財団生として1年間の期間認定される。そして、1年後に正財団生として認定されるかが決まるのだ。つまり今の時点では、1年間は保証されているがその先はわからない、という状態だった。だから正直、財団生への認定通知が来てからの1年間は、精神的にはあまり落ち着けたものではなかった。

そして、日々の授業や研究に追われる中で、正財団生に認定されるかの決定が下る時が来た。

そろそろ発表が来てもおかしくない。そう思ってからもう何日も経っていた。結果を待つというのは、どんな時でも待ちくたびれるものだ。毎日何度もスマホの画面をチェックしては、通知が来ていないことにどこか安心している自分もいた。

この日も、いつものように学校で授業を受けていた。5限目の授業が終わって、スマホの画面に目をやると「審査結果」のタイトルのメールが孫正義育英財団から届いていた。

心臓が一気に高鳴る。授業終わりの騒がしさが耳から遠のいていく。息が止まる。

この結果次第で、僕がこれから残り3年間を無事に学べるかが決まる。あまりに重い結果発表だ。緊張しないわけがない。メールを開く。

「合格」

何度も何度も、文面を読み直した。間違いなんじゃないか、そう思った。でも何度読んでも、僕に届いたメールには「合格」と書いてあった。僕は、すぐに伊勢の家族にメッセージを送った。

「合格した!!!!!!!!!」

帰り道の電車の中。電車の音も、乗客の喋り声も、その日は耳に入ってこなかった。あまりに重い結果だ。良い結果だったけれど、うまく呑み込めない。辺りはすっかり暗くなっていた。僕はいつものように駐輪場まで歩き、自転車に乗る。いつもの道を漕いでいく。信号が赤になった。青になる。自転車を漕ぎだす。あれ、さっきまでくっきり見えていた信号がぼやけて見える。前がよく見えない。

「あれ、おかしいなあ。これじゃあ、前が見えへんやんか…」

何度も何度も袖で目をこすった。何度拭いても、視界はぼやけたままだった。

そうか、僕は大学4年間勉強できるんやな。実感が少しずつ湧いてきていた。

「孫さん。ありがとうございます。ありがとうございます…」

何度もそう口にしながら、僕は自転車の上で泣いていた。

いつもの帰り道、昨日までと同じ道。でも自転車を漕ぐ僕の人生は、昨日までとは全く違うものになっている。

「もう、心配せんでいいんや。そうや、心配せんでいいんや…」

ずっとずっと、不安で不安で仕方なかった。毎日がどこか憂鬱で、周りの友達を見て、悔しくて帰ってから一人で泣いていたことも何度もある。でも、もう僕もそんな心配をしなくていいんだ。

僕はあの帰り道に感じた気持ちを、感謝を、込み上げた気持ちを、ずっと忘れない。

父母のお金、祖父母のお金

孫正義育英財団の正財団生に合格したら…と、以前から決めていたことがあった。

僕は、上京する際に両親から50万円、祖父母から50万円を借りていた。それを返しに行く、そう決めていた。18歳で家を出るときに、家族には一切迷惑をかけずに一人で生きていく、そう決めていた。商売の家で育って近くで見ていたから、数十万円がないために一家が立ち行かなくなることも知っていた。

伊勢に帰省し、僕は一直線にATMに向かった。いざ現金としてお金を手にすると手が震えた。

家に帰って、僕は父と母に向かって言った。

「これ、ありがとう。借りとった50万円。助かったよ」

「返さんでええんよ。使ったらええ」と母は言った。

「ううん、返すわ。ありがとう。その代わり、このお金は必ず弟が大学に行くときに、同じように渡してあげてほしい。必ずや。その時まで取っておいてほしい」

「…わかった。ありがとうなあ」

僕は母の顔を見ないように、そっとその場を離れた。

それから数日後、僕は残りの50万円を持って母と一緒に祖父母の家へ向かった。

「おお！　太一！　帰って来とったか！」と祖父が嬉しそうに言った。

東京での近況を話し、しばらくして、僕は深呼吸してからこう切り出した。祖父母の前だ、泣かないと決めていた。

「あのさ、大学行くとき、貸してくれとったお金。返しに来た。奨学金を卒業までいただけることに決まったんや。このお金がなかったら、今までの期間、東京でやってこれんだったから…。本当に感謝しとる。ありがとう」

そう言って僕は頭を下げて、封筒を差し出した。

沈黙が続いた。僕は顔を上げた。

「あほ言うな。これはお前にやった金や。取っといたらええんや…」祖父は声を詰まらせてそう言った。

「そうやわ。向こうでの足しにしたらええんよ」

祖母もそう重ねた。

「ありがとう。でも、これは決めたことなんや。僕の中でのけじめなんや。本当にありがとうございました…」

僕は封筒をもう一度差し出して、頭を下げた。泣かないと決めていたけれど、頬に涙がつたった。せき止めていた何かが溢れだした。

「ありがとうございました…ありがとうございました…」

僕はそれだけを繰り返してもう一度頭を下げた。

母と祖母はそんな僕をずっと見つめていた。

「ばかやろう…」

祖父はそれ以上はもう何も言わなかった。

将来はたくさん稼いで家族に楽をさせるんだ。伊勢を離れるときに僕はそう決めていた。

これからどれだけお金を得ることになったとしても、この時のお札1枚1枚の重みと、そこにある想いを、僕は生涯忘れない。そう誓った。

東大で語られる「多様性」

東京大学に入学してから、「多様性」というキーワードの議論に居合わせることが多くなった。

「組織には多様性が必要だ」

「多様な個性を活かせる社会にするべきだ」

僕もそう思う。言っていることはすごくわかる。

ただ、僕はこうした議論に居合わせるたび、もやもやする気持ちが湧いてきて、いい気分がしなかった。友人たちと大学の講義や雑談の中で「多様性」や「これからの日本・社会」を話すとき、僕はどうしても、その議論の中の「国民・市民」の中に、僕が生まれ育った地域の幼馴染、両親、そして僕のような人たちが入っていない、そんな気がしてならなかった。

「どうしてや？　いま議論しとる『多様性』に入っている人たち、議論で想定している対象者、みんな英語喋れて、高学歴で、収入多そうなんやけど…。めっちゃ『多様な』経験積んだ人ばっかりかもしれん…」

多様性の議論で、「マイノリティ」をはじめその多様性の構成員として認められるためには、まずその議論に参加をしている必要があるのではないか。多様性を構成するメンバーが、どうしても東大生を含め「高学歴」の人たちばかりな気がしてならなかった。

僕たちの社会や組織の「何か」を決めるとき、「誰か」が議論をして意思決定をしていく。きっと、東京大学の友人たちは、行政や政治、民間組織のそういった意思決定の場に参加することが多くなっていく人たちだろう。「偉く」なって、この社会や組織の「ルール」を決めていく人たちになる可能性が高い。

ただ、彼らの中で、両親が高卒だったり、家が裕福でなくて苦学したり、女の子だから浪人してはいけないなんて言われたりした、ある意味で「普通の人たち」は、この社会全体の平均と比べれば、とても少ない。逆に、幼少期に海外に住んでいたり、両親が大企業の管理職だったり、家が裕福だったり、教育に理解があったり、いわば「エリートコース」に属している、そんな人たちが、社会全体の平均と比べて、とても多い。

「普通の人たち」はそもそも意思決定の場に立てる人が少ない。それは事実なんだと思う。だから、生まれながらに与えられた周りの環境や制度で、能力や可能性を発揮できなかったことを変えようとか、苦学生にとってもっと実効性のある奨学金制度に変えようとか、そういう議論がそもそも起こりにくいのだ。だって意思決定者がそんな現実を知らないから。意思決定の場に参加できていない以上、僕たち「普通の人たち」はしばしばその「多様性」の構成員から漏れている。

僕は、自分のふるさとに住んでいる「普通の人たち」、自分の生まれ育った家庭のような決して社会階層が高くはない人たちの「代弁者」になろう、そう思うようになっていった。いろんな幸運が重なって、こんな世界に迷い込んだ以上、僕は「国民・市民」の中から、かつての僕や両親、幼馴染たちが決して漏れないようにする。そう決めた。

この本を執筆するモチベーションもここにある。一人でも多くの「普通の人たち」が、ロールモデルを得て、スタートラインに立ち、意思決定の場に参加すること。そのことが誰もがスタートラインに立てる社会を作っていくために必要だと信じるからだ。

学生の矜持

僕は大学、大学院での日々を通して、学生にも矜持、誇りが必要だと強く感じている。安くはない学費を払い、働けばいくらかの収入を得ることのできる時間を使って、大学という場に学びに来ているのだ。「学べるだけ学び取って帰ってくるのだ」というような気概を持って学生生活を送る人が多くあってほしい、と思う。決して、卒論や修論だけが一つの物差しではなくて、一つ一つの授業や課外活動、なんだっていい。とにかく自分はこれを、貴重な時間とお金を使ってきた以上、持って帰るのだという「学生の矜持」がなくてはいけないと思う。そういった意味で、僕は大抵、授業では一番前の席で講義を受けるようにしているし、この人は…！　という講師の方には授業後も何度だって質問に行く。振り返れば、仕送りもなく、お金を工面しなくてはいけなかったという環境が僕に与えてくれたのは、こうした学生の矜持だったのかもしれない。

4章　働かせてください

「名刺アタック」とかばん持ち

大学生活を無事に送る算段が立った僕にとって、大学生活での楽しみの一つが、各分野の先輩方にお話を聞く「名刺アタック」だった。

大学2年生の春、僕は官民の活躍する方々がオムニバスで登壇する講義を受講していた。その授業は優・良・可といった詳細な成績がつかず、合格・不合格という成績のみの授業だった。そのため、必修科目では成績を取るためにしっかりと勉強をし、こうした合否のみの授業は単位が取れる程度に受講する、というのが定石だった。しかし、僕が一番力を入れていたのはこの授業で、各回の講師の方の分野を事前に調べて、政府の白書や会社のＩＲ資料だとかを好きなだけ読み込んで毎回の授業に行く、という入れ込み具合だった。成績の観点で言えば「コスパ」は悪い。でも僕の人生にとっては大切な機会で、何よりも楽しい授業だという確信があった。

ある回では、元総理の懐刀でその分野では知らない人はいないという、まさに「レジェンド」というべき大物が講師として訪れた。僕もその授業を受ける前から知っていて、こんな方が授業に来てくださるなんて…東大やっぱすごい…と、かなりびっくりしていた。しかも、その教室には20人弱しか受講生がいなくて、前の席に座っているのは、僕ともう一人の親友だけだった。授業が終わり、聞きたいことが山ほどある僕は講師の方に駆け寄った。

「あの！　□□についてもっと詳しく教えていただきたいんですが…」と、自作の「セミの名刺」を差し出しながら僕が言う。

「ええ、喜んで」満面の笑みで答えてくださった。

結局、僕はその後、これから勉強すべきことから人生相談まで、2時間近く教室で話をしていた。終始キラキラした目で僕に話をしてくださったその時間は、僕にとって、ずっと忘れられない時間になった。

「そうか、あんなに偉い人でも、僕とおんなじ人間で、おんなじことで悩んだりしてたんか…」

次の授業の日。まだ若い上場企業創業者の社長さんが講師だった。

講義が始まったが、僕はびっくりしていた。とにかく面白いのだ。

「賢いってこういう人のことを言うのかもしれんな…」そう思った。

質問の時間になった。僕は緊張しながらも手を挙げた。

「あの、僕も〇〇さんみたいに起業して頑張りたいです。ただ、この分野では□□という制度が立ち上がったタイミングで起業したからこそうまくいった面もあると思います。今この分野で〇〇さんと同じ尺度で競っても僕は勝てない、その認識は合っていますか？」

授業が終わった。僕は講師の方のところへ行き、名刺を差し出しながら気づけばこんなことを言っていた。

「あの、僕もあなたみたいになりたいんです。ただ、こんな空気感の人に今まで出会ったことがない。だから、その空気感を僕は肌で感じて、今後の糧にしたい。あなたのかばん持ちをさせていただけないですか？」

その日から数か月が経ったある日。僕は丸の内のオフィスに慣れないスーツを着て座っていた。

「君なら数日やれば本質はわかるはず。長くやってもあまり意味がない」と数日間のかばん持ちをさせてもらえることになったのだ。

目まぐるしい一日をずっと社長の横に付き添って、その立ち居振る舞いや言葉を、目に、耳に、刻んでいく。ただ、僕にとってはハードスケジュールで、途中の社用車での移動中に僕が居眠りをしてしまったことは秘密だ。

社長さんはかばん持ちの最後に時間を取ってくれて、僕にたくさんアドバイスをしてくれた。その中で今もずっと心に残っている言葉がある。

「君はあの時、手を挙げた。それを僕が見て、今日この日がある。だから、これからも忘れないでほしい。手を挙げ続けることを。チャンスを掴むために手を挙げ続けるということを」

かばん持ちの日程が終わり、僕はお礼を言ってオフィスを後にした。ちょうど丸の内のオフィス街が夕焼け色に染まっていた。これまで、何度もここを通ったことがあったけれど、少し見え方が変わっていた。

「僕も、いつかここに違う立場で戻ってくるぞ！」

この空気感を忘れないよう、僕は何度もこの数日間の出来事を思い出しながら帰路に就いた。

成人式

大学2年生の1月に開催される成人式の案内状が届いた。中学校卒業以来会うことのできていない友人の多くに会える最後の機会になる可能性が高い。そのことはわかっていた。ただ、案内状を前にして、僕は自分の胸の中に湧き上がってくる想いに戸惑っていた。将来振り返れば、「擦れていた」と思うのだろうか。

ただ、僕は悔しかった。

親のすねをかじり、苦労せずとも、20歳になれば「成人」なのであれば、誰だって「成人」になれるじゃないか。何が大人だ。20年間生きた、ただそれだけじゃないか。

僕は今こうして学ぶことができていることを、これまで奨学金をくださった財団の皆さん、支えてくれた方、親族、祖父母、両親に日々感謝を忘れずに生きているつもりだ。今日この日までこうして生きていられることを感謝している。

どうして、わざわざ「成人式」で呑気に騒いで祝わなくちゃいけないんだ?

悔しかったのだ。

東京大学で4年間学ぶこと、そのチャンスを掴むために心をすり減らしている人が周りにほとんどいなかったこと、自分だけがそんな想いをしていると思えてしまうこと。そのことが悔しかった。

「ああ…これ絶対『擦れてる』よな。ダサいよな。普通に行けばええだけやのになあ」

自分でもわかっていた。行けば一番楽しめるタイプなのもわかっている。でも僕はどうしても成人式に行く気分にはなれなかった。僕は「欠席」に丸をした。

僕はどう生きていきたいのか

僕は悩んでいた。

「僕はどう生きていきたいのか」

大学入学後、セミの研究には引き続き必死に取り組んでいたし、高校時代には予想もしていなかった面白い実験結果も出てきていた。「なんて面白いんだ!!」そう思える瞬間がたくさんあった。純粋に自分の疑問に向き合えるのは僕にとって幸せな時間だ。

一方で、東大で目の当たりにした、「僕の育った世界」とは全く違う世界。東大での議論で挙がる「国民・市民」にかつて伊勢にいた頃の僕や家族、地域の人たちが入っていないと感じる瞬間がたくさんあること。

「自分のふるさとに住んでいる『普通の人たち』、自分の生まれ育った家庭のような決して社会階層が高くはない人たちの『代弁者』になるんだ」「いろんな幸運が重なって、こんな世界に迷い込んだ以上、僕は『国民・市民』の中から、かつての僕や両親、幼馴染たちが決して漏れないようにするんだ」という気持ちが日に日に強くなっていく。

孫正義育英財団の先輩にもたくさん相談をした。その時に研究者の先輩から言われたことが心に刺さった。

「人生って当たり前だけど一回しかなくて、それはとても短い時間で、その中でできることって限られている。一つのことをやれば、もう一つのことはできなくなる。自分がやるべきだと思ったことをやればいいさ」

大学生活の4年間を通して、僕はずっとこのことに悩んでいた。一番の悩みだった。本当ならずっとセミのことをやっていたい。でも、どうしても僕はやらなくちゃいけないことがあるはずだ。「普通の人たち」の「代弁者」になるんだ。その想いが日に日に膨らんでいくばかりだった。

古典に助けられる

僕は古典、とりわけ和歌や漢詩が大好きだ。生きていてよかった！ 苦しくて消え入りそう…そんな人間の心の様子が短く美しい言葉で表現されているからだ。僕は、生きていてよかった！ と思える景色や人との時間に出会えたとき、苦しくて我慢できないとき、どうしても悲しくて涙が止まらないとき、そんなときはいつも和歌や漢詩の本を開いて口ずさむようにしている。千年も前の人も自分と同じ心の動きをしていたのか、と思える。感動したときは感動が何倍にもなるし、苦しさや悲しさが少しまぎれる気がする。

和歌や漢詩だけでなく、自分のこれまでを振り返っても、いろんな人の言葉に心が震え、自分の生き方が変わっていったり、助けられたりした瞬間が何度もあった。この本にある言葉のどれか一つでも、誰かの心に届くものになれば嬉しい、そう思う。

サイゼリヤ会長の講義

2年生の後期から、工学部の授業が始まった。これまでは駒場キャンパスで教養学部の授業を受けていたけれど、これからの授業のほとんどは本郷キャンパスで行われることになる（正式に工学部に所属するのは3年生から）。あの「赤門」があるキャンパスだ。伊勢にいた頃から憧れていたキャンパスで毎日を過ごせることがすごく嬉しかった。僕は毎朝通学するときに、赤門を通って教室に行くことにしていた。

そんなある日、僕は赤門を入ってすぐの学内のポスター掲示板を何気なく見ていた。すると、一つのポスターが目に留まった。

「ニトリ寄附講座」

サイゼリヤ、無印良品、ゲオホールディングス…聞いたことのある企業の経営者が毎回の講義のゲストとしてやってくるらしい。駒場キャンパスではこうした講義が多かったけれど、本郷に来てからは工学部の授業が忙しくて、なかなかチャンスがなかった。「これは行かなくては！！」そう思ったけれど、そもそも履修登録をしていないのと、工学部の授業とかぶってしまっていた。でもこんなのは、なかなかないチャンスだ。僕は直近のサイゼリヤの会長の回に工学部の授業を「ブッチ」して参加することにした。

経済学部の大教室に5分くらい前に着くと、学生はまばらで、前のほうの席ががらんと空いていた。

「駒場の時と同じじゃな…」

僕は一番前の席に陣取って、サイゼリヤ会長の講義を聞くことにした。

大学の先生が授業の説明と講師紹介をすると、会長さんが僕の目の前にやってきた。講義が始まった。創業当時の話、苦労したこと、一番こだわっていること（ワインのことを一押ししていた！）、上場した時の話…。

僕は初めて聞く話に胸が躍って、何度もうなずきながら聞いていたら、いつの間にか会長さんは僕のほうばかりを見て話すようになっていった。どの話題も面白い！！そう思った。そして、講義が終わり、会長さんが僕を見てにっこり会釈をして、壇上から出口に向かいだした。帰るみたいだ。

今！　今、駆け寄って名刺を渡して話を聞かなきゃ！！！

いつものように行け！

身体が動かなかった。

会長さんの貫禄と経験の豊富さに対しての、自分の力のなさ。僕は踏み出すための

あと少しの勇気が出なくて、その場に固まったまま、会長さんの遠くなっていく背中

を見ていた。

どくん、どくん、すごい速度で心臓が鳴っていた。いつの間にか、受講生たちもま

ばらになった教室で、僕はしばらく固まっていた。

「今日は行けんかった。せっかくすごく面白い方やったのに…」

会長さんが去り際、僕のほうを見てにこっと笑いかけた瞬間が何度も頭に浮かぶ。

「ちゃんと話しかけられたら、どんな話ができたろうか…」

何ページもメモを取ったノートだけが僕の手元に残った。

ゲオホールディングス 遠藤社長

そして、3週間ほど経った。

スマホで写真に撮っていた「ニトリ寄附講座」のポスターを見ると、今週が最後らしい。ニトリの会長さんの講演があった後、各回のゲストとしていらっしゃっていた経営者の方々も集まって、立食パーティーをするという。

「これは行かないと！！」

今回も工学部の授業を「ブッチ」して（といっても別の授業に潜っているのだから「さぼり」ではないはず…）、会場に向かった。

シアタールームみたいなつくりの会場だった。ニトリの似鳥会長が講演をされていて、質問の時間に思い切って手を挙げて聞いてみた。いつもの教室より厳かな会場だったから、質問も少し緊張した。

そして、立食パーティーが始まった。

「とりあえず、ご飯食べとくか」

僕はせっかくの「立食」なのだからとお肉やスイーツをぱくぱくっと食べた。

それから、ゲストの社長さんや、いろいろな大人の人たちとお話をして、一通り話ができたかなと思って会場を見回すと、すらっと背の高いスーツを着た男性がいた。

「あ、ポスターに乗っていたゲオホールディングスの社長さんだ」僕はそう気づいた。

僕はすっと歩み寄って、セミの名刺を差し出した。

「はじめまして、セミの研究の矢口です！」

「ゲオの遠藤です」

にっこり笑って名刺を差し出してくれた。ものすごく丁寧な方だなと思った。

僕は続けて聞いた。

「僕、将来起業したいと思っているんですが、大企業を経営されている立場から見て、小さいベンチャーがゲオのような大企業に勝つチャンスってあると思いますか？　そんなの可能でしょうか？」

遠藤社長は僕を見て、にっこり笑った。


後日、僕は遠藤社長とランチをご一緒することになった。

一対一で「社長」という職業の方を前にして、僕は聞きたかったことを一つ一つぶつけていった。

「24時間を何にどれだけ使ってるんですか?」

「今一番困っていることは何ですか?」

聞きたいことがありすぎて、一分一秒が惜しかった。

僕にとっては、初めての海外で見たことのない生き物を見る、そんなイメージ。今までの生活でほとんど会ったことのない「社長」という職種の人だから、興味が尽きないのだ。

そして、どうしてこんなに僕に対しても腰が低いのだろう、とびっくりした。もっと偉そうに喋ってもいいものなのに。まるで僕と遠藤社長が対等な立場にいるかのような気分になってしまう。

「すごいな」僕はそう思った。

ランチが終わりお礼を言うと、遠藤社長が笑いながらこう言った。

「矢口さんは聞き上手ですね、久しぶりに喋りすぎました(笑)」

僕が聞き上手なのかはわからないけれど、この人はどんなことを日々見ているのだろう、どんなことを考え、悩んでいるのだろう。そんな興味が尽きないとき「聞き上手」になるのかもしれない。そんな風に思った。

それ以来、遠藤社長とは定期的にお会いする機会をいただくことになる。まさか、この出会いが僕の数年後の日々に大きな変化を与えるなんて、この時は思ってもみなかった。

日本通信 福田社長

工学部に進学してからの授業は退屈だ。退屈といっても、個々の授業は学ぶべきことは多いし、必要なことだとわかっている。でも、僕にとって、授業の「工学部の純度」が高すぎる、そう思った。

教養学部の頃は、文学の授業を取ってみたり、それこそ外部講師がオムニバスで話す授業を取ったりと、毎日の授業の幅が広かった。ただ、専門に進むということは、その幅が小さくなることでもある。それはわかっているけれど、退屈だった。

そんな中で、僕の毎日に幅を与えてくれる授業が一つだけあった。工学寄りの講師が多いけれど、各回ゲストが登壇してくれる講義があったのだ。

その第1回の講義に登場したのが、日本通信という上場企業の社長で、Apple本社の副社長もつとめた福田尚久さんだった。

プロデューサーになろう！　というお話で、「こんな賢い人がいるのか」と思った。かばん持ちをさせてもらった社長さん以来の衝撃だった。

授業が終わると、この授業を統括している教授（この先生も、ものすごく面白い方で何度もお世話になった）と福田さんが話をしていた。僕は緊張しながらも、興奮気味に福田さんのところへ駆け寄り、セミの名刺を出してこう話しかけた。

「あの…！　矢口といいます。お話、ものすごく面白かったです！」

いくつか気になった質問をした後に、福田さんは名刺を渡してこう言ってくれた。

「何かあったら、いつでも連絡してください」

普通は社交辞令と思う言葉かもしれないけど、僕はまっすぐに受け取ることにした。

1か月ほどした後、「もっと話が聞きたいです！！」と僕は思い切ってメールを打つことにした。


そして、大学3年生の11月、僕は虎ノ門のオフィスにお邪魔していた。福田さんのこれまで、スティーブ・ジョブズさんとの話、いろんなことを聞かせてもらったけれど、特に今も心に残っている言葉がある。

「重要な判断をするときにはお客様か世の中のためということだけを考えるんだ。なかなか難しいことだけれど、このことを強く意識する。これは意識しないとできない」

この数日後、福田さんは僕を地域創生に取り組む会議に連れて行ってくれた。その会議には名だたる上場企業の経営者や創業者の方がそろっていた。圧倒され、緊張して固まっていた僕に、福田さんは帰り際、こう声をかけてくれた。

「相手が上場企業の社長とはいえ、議論の本質は、大学生たちの議論とそう変わらない。それを前向きにしているかどうかだけなんだ」

その後も会議に連れて行ってもらったが、僕には自分が率いる組織も、動かせるお金もない、そんな自分が悔しくて、福田さんにこう漏らした。

「僕は悔しいです。福田社長や他の皆さんと違って、僕には何もない」

歩きながら話していたけれど、福田さんは「ちょっと待て」と足を止めた。

「今はまだ若いんだ。焦らなくていいんだ」そう僕を見て言った。

「要領がいい東大生は80点のところでやめてしまうことが多い。そんな中で君はセミという一つのことをある時期にぐっと掘り下げた。ここでやめておこう、と思わずにね。今度はそれを横に広げるんだ。スーパージェネラリストになれ。いいか、そういう意味でも君には期待してるんだ」

人生の先輩

同じ工学部の授業のゲストとして、投資ファンドの創業者の方がいらっしゃったことがある。一代で数千億円の独立系ファンドを築いた方で、業界ではかなり有名な方だった。若くして父親を亡くし、大変に苦学されたことを聞いた。僕はその方のお話に感銘を受け、講義終了後、慌ただしく次の予定に向かわれるところに駆け寄り、名刺を差し出した。すると、名刺に電話番号を書いて、いつでも連絡するように、と渡してくださったのだ。

その授業の期末テストは、各回のゲスト講師で特に印象に残った方に「手紙」を書く、というものだった。僕はその方に向けて、自分自身も苦学していること、僕もあなたのように誰かのためになる立派な仕事がしたいということを、想いを込めて「手紙」に記した。

するとある日、僕のメールに創業者の方から一通のメールが届いた。

「去り際に名刺を渡したときに、いつでも来ていいと言ったはずだ。手紙を読んだから早く会いに来なさい」

1週間ほどのち、僕はファンドのオフィスにお邪魔して、社員の方も交えながら、ワインを一緒に飲んで語り合った。宝物のような時間だった。そんな中で、創業者の方のこの一言が、僕の心にずっと残る言葉になった。

「君のご両親みたいに、貧しいかもしれないが真面目に頑張っている人たちが、ちょっとでも暮らしが良くなること。私はそれを長期投資でお手伝いしているんだ」

彼は、貧しいときに自身が苦労したこと、おかしいと思ったことを、「今」の仕事で何とかしようとしているんだ。そして、何より自分の仕事を、目をキラキラさせながら、誰よりも楽しそうに話していることに感銘を受けた。

僕は胸がジーンと熱くなって、しばらく何も言えなかった。

憧れの大先輩

僕が伊勢にいた18歳までに憧れの人がいたとするなら、伊勢高校の大先輩、濵口道成さんだ。名古屋大学の学長を経て、科学技術振興機構の理事長をつとめられた方だ。伊勢高校の入学案内のパンフレットで拝見して以来、僕にとっては道標だった。あまりに立派な先輩すぎて、どうすればそうなれるのか全く想像はつかなかったけれど、自分の身の回り、今の伊勢高校には、自分の目指す道をともに進める人がいなくとも、間違いなく、昔、この同じ学校で学んだ立派な先輩がいる。そのことが僕にとっての大きな光になっていた。内閣総理大臣賞を受賞した際に一度ごあいさつすることができただけだったが、僕は思い立って濵口先輩にメールを書くことにした。

するとすぐ濵口先輩から、オフィスに是非遊びにおいで、そして帰りにご飯を食べようじゃないか、と返信をいただいたのだ！！　僕は嬉しく、でも少し緊張しつつ、先輩のオフィスに向かった。

「やあ、矢口君。いらっしゃい」

濵口先輩は僕を見るなり、笑顔でそう言葉をかけて、僕を温かい雰囲気で包んでくれた。

「ふるさとの先輩って感じやなあ」と思った。上京してからも、こうしてふるさとの先輩にお世話になることがほとんどなかったから、僕は本当に嬉しかった。

濵口先輩のお話の中で、今でも僕が心に留めて大切にしていることがある。

「やって失敗することより、やらずに後悔することだけは避けたい、そう思って生きてきた。主流の道とは違う、自分の信じる道を歩んできたと思う」

「人生は5年程度の中期目標の積み重ねなんだよ。それより短くても長くてもいけないよ。だって、生きているかさえわからないんだから」

「10年うまくいかなくても、10年と1日でうまくいくことがある。あきらめるのか、信じて突き進むのか。その判断がその人らしさかもしれないね」

そして、成長するんだ！　人とは違う道を行くんだ！　と鼻息の荒かった当時の僕に、一つだけすっと心に入ってこない言葉があった。

「東大は大変にストレスフルな環境だと思う。皆、出身地ではトップレベルでやってきて、そして東大の周りと比べてしまう。そういう環境に下手すると疲弊してしまう。

本当に大変なことだと思うよ。本当の意味での友人をつくりづらい環境ではあると思う、そんな中でもそうした関係を築くことも大切だよ」

憧れの先輩に、「あんまり頑張りすぎず、たまには立ち止まって休んだっていい」そう声をかけられている気がした。でも、当時の僕はアクセル全開！　ぶっ飛ばしていくぞ！！　そう思っていたから、「濵口先輩は優しい人やなあ」というくらいにしかその瞬間には思わなかった。

当時の僕に、高校の後輩がアドバイスを求めてきたら、きっと「高い目標を持って、全力で頑張れ！！！」そう言っていたと思う。

それから少し時間が経って、25歳になった今、うまくいったことも、思い通りにいかなかったことも、ちょっと疲れて立ち止まったことも、いろんなことを経験して改めて先輩のこの言葉を思い出すことが多くなった。「そうか、濵口先輩はこういう気持ちやったんかもしれんな」と。

今の僕なら、後輩にはきっと「焦らなくていい。うまくいかなくてもいい。自分のペースで何度だってやればいいから」そう声をかけるんだと思う。

自分の戦い方

大学に入学してから、自分の戦い方を考えることが増えた。

よく、「質×量」という表現で勉強や仕事のことが語られることがある。勉強時間（量）だけが多くてもダメで、その質を高めることが重要だ、といった具合だ。そして、大学生活も折り返しを迎え、少しずつ「就活」や「インターン」というキーワードを耳にするようになったけれど、面白いのが、東大生の「就活」にもまるで受験のような序列があるということだ。コンサルや弁護士、一部の有名企業に入れる人は東大生の中でも「優秀」で…といった風潮が間違いなくあった。一昔前でいうところの、キャリア官僚になれるか、そしてどこの省に入れるか、といったものと同じなのだろう。

ただ、僕は疑問だった。同じ方向性で努力をすれば、「質×量」の戦いになってしまうのではないか。何と言ったって、相手は同じ東大生なので、「質」の部分が2倍も3倍も変わることってあるのだろうか？（きっと差があっても1・5倍だとかその程度だろう）ましてや同期に東大卒や京大卒といった人たちが何十人といる職場で、その

「上位」の人たちの間で「質」の部分に大差はあるのだろうか？　そうした環境では単純な「量」の勝負になってしまうだけなのではないか、そう思った。実際に、弁護士や官僚の道に進めば、労働時間はかなり多い。「まるで、100mと同じだな」と僕は思った。

きっと、僕が高校の自由研究でセミを選んだように、「質×量」を「どこに」向けるかという戦い方があるのではないか、と僕は考えていた。みんなとは違う道を選ぶからこそ、「見本」はないし、きっと心細く、違った意味での大変さはあるはずだ。でも、「量」だけの勝負に陥ることはないのではないか、そう思った。

この戦い方が正解なのかはわからない。不安だけれど、僕は「質×量」を「どこに」向けるかに重きを置く、という戦い方を選ぼう、大学2年生の頃にはそう思うようになっていた（もちろん、「質」を磨き、「量」をこなすことは変わらずに大事なことだ）。

そして僕は、自分の考えをメモしているノートにこんな風なことを書き記した。

「なぜ、大学を出たら『新卒一括採用』なのか。

どうして、新卒だ、というだけで、皆が同じ仕事を、同じ給料でやるのか。

若い世代を優遇してほしい、なんて一つも思わない。ただ、会社に貢献できる能力と意欲があるにもかかわらず、若いから、新卒だから、という理由だけで、与えられる仕事、役割、報酬が妥当でないケースはどうなのか。東大生が良い報酬を求めれば、現状では弁護士、コンサル、商社、外資金融くらいのわずかな選択肢しかない。でも、みんながみんなこうした仕事を本当にやりたいのか？　少なくとも僕は違う。

会社四季報には上場企業だけでもあんなにたくさんの会社があるのに、どうして、活躍の場がここまで限られているのか。にもかかわらず『優秀な人材が足りない』と言っているところはたくさんあるじゃないか。

報酬や役割といった『活躍の場』さえ整えれば、意欲ある『優秀な人材』はもっと世の中の組織に散らばっていくのではないか？　これは、社会にとっても、個人のキャリアにとってもよいことではないか？　そんな道を切り拓くことはできないだろうか？」

いつしか僕は、自分が一番興味を持った会社の経営者に直接交渉をして、活躍の場を得よう、ぼんやりとそう思うようになっていた。

働くこと

「社会に出たらこれくらいはできないと失格だ」「□□は社会人として必須のスキルだ」、そんなことを言う人は多い。僕はこうした言葉が苦手だ。あたかも「社会人」という一つの職業と人格があるかのような言葉に触れると、窮屈だなと思う。

僕はこれまで、店舗で働く店員さんたち、アーティスト、研究者、政治家、経営者、いろんな「社会人」とお会いする機会を持ってきた。振り返っていつも思うのが、そんなに完璧な人っていないよな、ということだ。ある人は、数理モデルを操ることには誰よりも長けているけれど、メールは全然返ってこないし、やらなくちゃいけないことをよく忘れたりしている。またある人は、会社を経営させたらピカイチだし、人の心を動かす素晴らしい人格を持っている。けれど、数理モデルなんて全くわからないし、数学は大の苦手らしい。

僕が見てきた輝く人たちは、みんな自分の長所を活かして、活躍されているように思う。受験では、いくら数学が得意でも、国語が苦手ならマイナスになってしまうけれど、「社会」に出たときは、得意な数学で「飯を食う」人たちはいくらでもいるし、別に5教科が得意分野じゃなくていい。「□□は社会人として必須のスキルだ」という発想は、まるで「社会」に出てからも受験競争の枠から出られていないような気がしてとても窮屈だ。

「社会」にはいろんな人がいるし、お互いの短所を、お互いの長所で補い合ってうまく回っている。そのためにみんな仲間を作ってチームで頑張っているんだと思う。そんな僕も、自分の長所を活かして、足りない部分を助けてもらいながら、この「社会」を今日も生き抜いている。

新型コロナ

大学3年生の最後の期末試験が終わり、僕は学科の友人と一度中国に行ってみようかという計画を立てていた。世界大会でアメリカに行って以来、結局まだ一度も海外には行けていない。いい機会だし、中国に行ってみよう！　そう思い立っていろいろと調べていたある日、僕は気になる新聞の見出しを見つけた。

「中国で新型肺炎」

「ん？　なんやこれ？　怖いな」なんだか新しい肺炎が流行っているらしい。でも、世界各地でこうした新型の感染症はポツポツ出ているし、これもその一つだろう。そう思った。でも、ちょっと怖いから中国へ行くのは延期したほうがいいのだろうか？　ということを友人と相談していると、どうもかなり危ないらしい、というニュースが増えてきた。結局中国行きはやめることになった。


3月末、東大に合格した弟が、僕が駒場時代に住んでいた三鷹寮に引っ越す前に、僕の本郷の家に何泊かしにやってきた。これから始まる新生活に心躍る様子だった。

その時だった。弟がやってきて2日目、YouTubeでニュースを見ると、東京都知事が「ステイホーム」と呼びかけていた。なんだかとんでもないことになっているらしい。訳がわからない。その日は3月も終わるというのに珍しく雪が降っていた。僕と弟は「緊急事態」ということに、むしろ少しワクワクしていたようにも思う。マスクをして、ここから数日籠るためにスーパーに買い出しに行くと、棚から日持ちのする食材がごそっと消えていた。僕たちは、「ステイホーム」がまさかあんなにも長く続くなんて、この時は思ってもみなかった。

4月、弟から写真が送られてきた。入学手続き時に、新入生が2m間隔でグラウンドに並んでいる。あまりに異様な光景に、僕は大変なことになっているんだ…ということを実感した。大学4年生になり、研究室で仲間たちと議論して、お昼ご飯を一緒に食べて、研究を進め、たまに飲みに行く、そんな日々は結局、卒業式の日まで一度も来ることはなかった。大学3年の最後の授業で「また4月な!」と別れた学科の友人と次に会うのが卒業式の日になるなんて。

東京の狭い部屋での一人暮らし。まさに缶詰状態になった僕は、毎日マスクをして本郷の周りを散歩するだけで、生身の人間はまるでばい菌のようにみんなが怯えるから、話なんてすることができない。そんな日々が続いた。もちろん、「東京から三重に帰るなんてもってのほか」という雰囲気だし、現に「自粛警察」に滅多打ちにされるなんていうニュースも多く流れている。そんな中だから、実家からも三重には帰ってくるなと言われていた。

こんな日々を続けていると、人間誰しもおかしくなるんだと思う。僕自身も、一人部屋の中で気が狂いそうになっていた。何を楽しみに毎日を過ごしたらいいのか。全くわからなかった。「名刺アタック」を通して可能性を拡げようと思っている僕にとって、この期間はただ家で本を読んでいるくらいしかやることがない。誰かとの関わり、生身の人間とのやり取りが、僕の中でこんなにも重要だったなんて…。

学生の日々は「不要不急」のものとして過剰なほど制限されていた、と今になって思う。2024年になった今も、まだこの頃を引きずっている同世代は少なくない。特に、入学と同時に地方から上京してすぐに一人暮らしの部屋に閉じ込められ、地元に内緒で帰るという選択肢を取れなかった学生にとっては、あまりに大きな隔離生活になってしまったのだと思う。

24時間狭い部屋に閉じ込められ、生身の人間同士ではまるでばい菌のように遠ざけあう。そんな環境に半年前後も身を置けば、何の影響もないほうがおかしいだろう。あんなにも、自分の可能性を拡げよう、自分の将来を掴もうともがき、「大学」という環境を思う存分使って走り回っていた僕も、新型コロナの日々で完全にストップしてしまった。

こんなにも一日は長く、希望の持てないものなのか…。ただただ、僕は時間が早く進むのを願っていた。自分がどこに向かうのかがわからなかった。

院試に落ちる

僕は夏にある東京大学の大学院入試を控えていた。ただ、4年生になって以降、物理的には一度も研究室に足を運べなかった中で、その実感を持てずにいた。勉強しなくちゃいけない。でも、とにかく身が入らないのだ。誰とも会わないまま一日が過ぎていく。研究室のミーティングも画面上の出来事で実感が湧かない。僕は、大学院入試の勉強をそっちのけで、小説を読みふけり、心ここにあらずだった。でも、僕が日々をどう過ごそうと、時間は過ぎていく。

あっという間に大学院入試を迎えた。といっても、試験自体も家の中で実施されるのだけれど。慣れない試験形式ではあるが、何とか2日間の日程を終えた。

試験を終えてしばらくして、父が三重から車で僕を迎えに来るという。心身ともに、疲れ切っていた僕は、夏休み期間は三重に帰ることにした。

東海道を父の車で帰る。こんな状況下でも海は綺麗なんだな、ジタバタしてるのは人間だけなのか、そう思った。

家族と顔を合わせて一緒に過ごすだけで、こんなにも毎日に温かみが出るのかと僕は驚いた。東京で一人で籠っていた時に比べて、ものすごく元気だ。そうして、少しずつ、「人間味」を取り戻していた頃、大学院入試の合格発表があった。

落ちていた。

人生で試験に落ちるのはこれが初めてだ。

納得だった。ほとんど勉強できていなかったのだから、当然だ。ただ、コロナ禍を過ごす中で、ここまで僕は何もできていなかったのか、ということにかなり大きなショックを受けた。合格発表からの一週間くらいは心ここにあらずという感じで、ぼーっとしていた。

結局、別日程の入試で東京大学の大学院には合格をすることができたが、僕にとってこの躓きが、今後の進路を考える大きなきっかけになっていった。

富岡製糸場のポール・ブリュナ

三重への帰省から東京へ戻ってきた。少しコロナの感染者数が落ち着いたタイミングだったので、僕は群馬にある世界遺産に登録されたことで話題だった富岡製糸場を見に行くことにした。

レンガ積みの建物が印象的な富岡製糸場。フランスとイギリスの2通りの積み方があって富岡製糸場は…と、ガイドの方がいろいろと説明をしてくれていた。僕は、ふーん、と聞いていたのだけれど、ある説明を聞いて体にびりびりっと衝撃が走った。

「この富岡製糸場の設立に深く関わったのがポール・ブリュナさんというフランスの方で、当時30歳くらいの年齢でした」

日本の生糸輸出が世界一になる礎となったのが、この富岡製糸場だ。その基礎を作ったのが30歳くらいの年齢の人だった…？　僕は衝撃を受けた。官僚になっても、大企業に行っても、大きな仕事ができるのは50代、60代。それがこの社会では当たり前。そんな風に心のどこかで思っていた僕にとって、まさに目から鱗が落ちる気持ちだった。「極東」の島国へ渡り、世界一の礎を築いた。なんて人なんだ…。

目頭が熱くなっていた。言い表せない感情が胸の中をぐるぐると回る。30歳くらいのフランス人男性が、辺りをキョロキョロと見回しながら、船から降りてくる姿、この富岡の地で迷い、悩み、途方に暮れる姿が見える。それでもポール・ブリュナはこの「極東」の島国でとんでもないことを成し遂げた……！

この胸の苦しさ、高鳴りは、いつかの気持ちと重なった。高校生の時に東京で同世代の研究発表を聞いた時の、あの気持ちと同じだ……！

「ブリュナさんとは生きている時代は違う。でも、同じような生き方はきっとできるはずだ。僕にもきっとできるはずだ」

僕は、群馬へ向かうときとはまるで違う、ぐつぐつ沸いた気持ちを抱えて東京へ戻った。

「働かせてください」

僕は大学院入試で一度躓いた機会によくよく考えてみた。そもそも、大学院の途中で財団の支援期間が終わるんだった。その後はどうやって生活費を用意するか。全く考えてもいなかった。

これまでに自分の考えを記していたノートを見返してみた。

「なぜ、大学を出たら『新卒一括採用』なのか。

どうして、新卒だ、というだけで、皆が同じ仕事を、同じ給料でやるのか」

「報酬や役割といった『活躍の場』さえ整えれば、意欲ある『優秀な人材』はもっと世の中の組織に散らばっていくのではないか？　これは、社会にとっても、個人のキャリアにとってもよいことではないか？　そんな道を切り拓くことはできないだろうか？」

修士課程が終わったら、自分の意中の会社の社長さんに直接交渉して、活躍の場をゲットしよう、と今まで漠然と考えていた。

ただ「修士課程が終わったら」というのはあまり根拠がない目安だ。それまでに力をつけて、準備をして…なんて思っていたけれど、「力」ってなんだ？　ブリュナさんが船からこの国に降り立った時、「準備」なんてできていたんだろうか？

そして、奨学金の関係で修士課程の途中でお金の目途が立たなくなることを考えれば、答えは一つだった。

「修士課程でしっかり学ぶ。それと同時に企業でも挑戦しよう」

そう考えたときに、僕の中で、もう働いてみたい企業は決まっていた。ゲオホールディングスだ。ＤＶＤレンタルの「ゲオ」だけでなく、リユースショップの「セカンドストリート」も運営をしている。これまで遠藤社長といろいろとお話しする中で興味が湧き、卒論のテーマも「汚れの認識評価メカニズムの解明」にしたいと先生に無茶を言って取り組んでいた。僕は早速、メールを打った。

「ご相談があります！」

東大の近くのお店で、遠藤社長とご飯をご一緒することになった。そこで僕は単刀直入にこう言った。

「ゲオホールディングスで『自由研究』をさせてもらえませんか？　僕はこんなに面白い業界・会社はないと思っています」

遠藤社長は少し驚いた表情をして、そしてにこっと笑った。

後日面接などを終え、無事に入社が決まった。日を改めて遠藤社長と、ゲオホールディングスのこれから、リユースの未来を語り合った。

「科学しなければいけないことがたくさんあります。これからが楽しみです」と遠藤社長が言った。

「しっかり貢献できるように、頑張ります……！」

大学院とゲオホールディングスの二足の草鞋を履くことが決まった。

ブリュナさん、僕もここできっと何かを成し遂げてみせます。そう心の中でつぶやいた。

「君はあれから何をしてきた？」

今後の進路を相談するために、僕は大学2年生の時にかばん持ちをさせてもらった社長さんにもメールを送っていた。僕の一番の憧れの人の一人だからだ。

すぐに返信があった。

まずはオンラインで近況を話そうということになった。

「あ、お久しぶりです！」

久しぶりの会話に、社長さんはすごく喜んでくれていた。近況をいろいろと話していると、社長さんは後半に僕にこう投げかけた。

「地方創生にも興味があるということだけれど、矢口さんの出身の伊勢ではどうしていけばいいと思う？」

正直、そこまで深く考えていなかった。ただ、自分の出身地がこれからも元気な街であってほしいな、その程度の考えだった。だから僕は、その場しのぎの、薄っぺらい答えしか返すことができなかった。

社長さんは、僕の進路を考える機会になると思うからと、会社でも「飛び切り優秀な」3名の方と後日話す機会を設けてくれた。どの方も、タイプは違えど、本当に魅力的な方で、「社会には立派な人がたくさんいるんだ」と僕は感銘を受けた。

そして、日を改めて、社長さんが今度は対面で僕に時間を取ってくれることになった。

「あの、ありがとうございました。本当に素敵な方ばかりで…とてもいい機会になりました」僕はそうお礼を言った。

「それは良かった」

「かばん持ちをしてからの期間、お互いどんなことをしてきたかを話しましょうか」

と社長さんが言った。

社長さんはあれから事業をどういう風に成長させてきたかを僕に話してくれた。かばん持ちをさせてもらった頃に社長さんが目指してきたことが着々と実現してきている、そう感じた。

僕は研究や取り組んできたいろいろな活動について話をした。自分で話をしながら、胸を張って言えることがない…と思った。頑張ってはきた。もがいてきた。でも、自分の憧れの人を前に、胸を張って言えない自分に、話をしながら気づいていた。大学に入学したての頃、自信満々にセミの研究を話していた頃とはまるで違う。

「矢口さん、今から私はあなたの『友人』として話をします」

そう言って社長さんは僕を見た。

僕はごくんと唾を飲んだ。

「この2年間で君は何をしてきたんだ？」

「私は胸を張って、自分のビジョンの実現に前進してきたと言える」

「2年前、君を初めて見たとき、すごい、そう思った。大学2年生でここまで考えているのかと。ただ、今の君は優秀な大学4年生の一人に過ぎないんじゃないか？」

「君はあれから何をしてきた？ 胸を張って言えることは何だ？」

帰り道、電車に乗りながら僕はずっと考えていた。今の僕が胸を張れることは何なのか。社長さんとのやり取りがふと脳裏に浮かんだ。

「僕、また必ず、胸を張ってこれをやりました、そう言えるようになってここに戻ってきます」

社長さんはうなずいて、僕の目をまっすぐ見つめていた。

「矢口太一の名刺アタック」

卒論も提出し終わり、あとは卒業を待つのみとなった。残りの2か月弱、何をして過ごそうか。新型コロナの影響もあり、「卒業旅行」だとかそういったことは自粛しようという雰囲気だったし、いろいろと制限付きの春休みだった。

僕には一つ気になっていることがあった。東大に入学して1年が経とうとしている弟から「僕たちの学年は結局1年間、同級生とは誰とも会わずに終わってしまった」という言葉を聞いたとき、僕は胸がきりっと痛んだ。僕にとっても、とても辛い1年間だった。直接、顔を合わせて、対面で会った人は両手で十分数えられる程度だ。ただ、大学3年間を過ごして、友人や先生との関係を築いた後でのこの1年だ。弟たちの学年は、大学入学のタイミングでコロナ禍が直撃した。特に地方から上京してきた学生にとっては、いきなり、入学手続きで2m間隔でグラウンドに並ばされ、書類を受け取って、それ以来誰とも会うことなく1年間を過ごすことになってしまったのだ。いったいどんな気持ちで、この1年間を過ごしてきたのだろうか。「人と話すのってどうやるのか、忘れてしまった」、そんな声を同じ境遇の方から聞いたこともある。

（あれから4年以上経った今でも、この1年間をいまだ引きずっている人たちが僕の周りにもいることを、世の空気感に皆が従い、誰かの大切な何かを、痛みを知ることなく簡単に「不要不急」と切り捨てていたことを、「大人」の人たちには忘れてほしくない。）

僕にとって、大学とは、今まで会うことができなかった人と会う場所だった。同世代の友人、僕がこれまで名刺アタックをしてきた社長さんたち、そんな出会いをくれる場所が大学だった。その機会を奪われてしまった新入生の世代に、僕ができることはあるんだろうか。そう考えていた時に、僕はふと思いついた。

「どうやって人と会ったらいいのかわからんのやったら、僕の名刺アタックのやり方を公開してみるか！　もし一人でも誰かが真似してくれたら、意味はあるんじゃないのか？」

僕は早速、東大新聞で頑張っていた友人に連絡をした。

「僕が名刺アタックした模様を記事にできひん？」

想いを伝えると、友人はすぐに快諾してくれた。すぐに、名刺アタックの記事の執筆に取り掛かった。

この連載では、4年前に上京した当時、頼れる先輩や知り合い、友人も誰一人としていなかった私が、自分の熱量だけを頼りにたくさんの方とご縁を紡いできた「名刺アタック」を皆さんにご紹介します。

「名刺アタック」は、周りから与えられたチャンスをただ待つだけでなく、自分でも想像していなかったような新しいチャンスを、出会いを、自らつかみに行く日々の小さなトライです。受験、テスト、インターン、就活……周りから与えられた機会に力を尽くすだけでなく、自分から（みんなが驚くような）大きなチャンスをつかみに行く、自分だけの道をつくり出すアプローチです。

コロナ禍で、「友達も知り合いもほとんどできなかった!」という主に二〇二〇、二〇二一年度新入生の方に、今日の困難な状況下であっても、少しでも自分の夢や将来にむけたアクションがとれるよう、そのきっかけを提供したいという想いからこの連載を始めます。

私の「名刺アタック」のヒトコマを皆さんにご紹介する中で、「こうやって話を聞きに行けるんだ!」「自分もやってみようかな」と少しでも思っていただければ嬉しいです。

玉木代表

東大新聞の「名刺アタック」連載の一人目は、国民民主党代表の玉木雄一郎 衆議院議員だった。

玉木雄一郎さんとの出会いは、僕がコロナ禍で家に閉じこもっていた2020年の11月頃だ。YouTubeやprime videoも見尽くして、何も見るものがなくなった僕は、国会中継をかけ流していた。中学校の定期テストが早く終わって、家でテレビをつけたとき以来かもしれない。

かけ流していると、ふと、今まであまり耳にしてこなかった議論が聴こえてきた。


「一つ提案があります。」

「この不妊治療の保険適用に取り組むときにあわせて検討してもらいたいのが、妊孕性（編注・にんようせい）の保存についてであります。」

「総理、二〇五〇年、せっかく目標をつくったんだから、せめてこのEVの支援については百万を超えるぐらいの購入補助にしませんか。いかがですか。」

（第203回国会　衆議院　予算委員会　第3号　令和2年11月4日）


そして、当時の菅総理も前向きな答弁をしていることに驚いた。

「本来、これがあるべき姿なんだろうな…」

テレビで取り上げられるのは、不祥事の追及や印象的なフレーズが多くて、きっとこうした議論は多くの国民が知ることなく日々行われているのだと思う。ただ、こんな議論が国会であるんだ、と僕はある種の衝撃を受けた。

僕は、今のところ明確な支持政党はない。一方的に与党や野党を批判するというのは好きではないし、与党も野党もそれぞれ、そうだよなという政策はある。何事も綺麗ごとだけではいかない道理も、全員を満足させることが難しいこともわかる。

ただ、僕は「こういう議論だよ！」と思った。もし僕が国会議員なら、与党側でも野党側でも、こんな議論がやりたい、そう思うはずだ。

「玉木さんに会ってみたい！」僕はそう思った。

ただ、冷静に考えてみれば、玉木さんは公党の代表だ。会いたい！からといって会える人ではないはずだ。今までの名刺アタックは、あくまで東大にやってきた、物理的に目の前にいる講師の方に話を聞きに行くことだった。

コロナ禍でずっとくすぶっていた僕は、いまだ！と言わんばかりに玉木さんのホームページの問い合わせフォームに、熱いメッセージを送ることにした。

玉木雄一郎さま

東京大学4年 矢口太一（三重県伊勢市出身）と申します。

是非一度、玉木さんに「政治家には何ができるのか」「自分の想いを実現する

手段になり得るのか」ということを直接伺いたいと思いご連絡差し上げました。

お時間を割いていただければ、絶対に無駄にしません。今は若く力はありませんが、いつか必ず世の中のために繋げます。大変お忙しいことは十分承知していますが、是非私にお時間をいただけないでしょうか。

私は（…一部略…）大学入学からこれまで仕送りを一切受けず、給付奨学金をいただきながら4年間の大学生活を送ってきました。

私の志は、生まれ育ちに関わらず皆がそれぞれの人生を全うできる世の中をつくることです。そのためにも、一日でも早く、（…一部略…）「弱い立場」にいる人たちのためになること、正しいこと、当たり前のことを実現できる「強い人」になりたいと思っています。

（…中略…）その一つ一つを変えることのできる人になりたいのです。

その実現する手段として事業家になろうと思っています。しかし、政治家という道は、きれいごと抜きで、どこまで想いを実現する手段になるのかを知りたいと思っています。

先日の玉木さんの予算委員会の質問を拝見して、「この人なら、本当に意味のあることができるんじゃないか」と思い、メールを差し上げました。

お話を伺えるのを心待ちにしています。

最後まで読んでくださりありがとうございました。

矢口太一

問い合わせフォームからメッセージを送って、僕は急に恥ずかしくなってきた。

「わ…大胆な事やっちゃったよ…」

マスクを手に取って、散歩に出かけることにした。恥ずかしさで家にいられそうにない。

覚首へのインタビュー

数日が経った。メールが来ていないか確認する頻度もだんだんと減っていく。さすがに返信来るわけないよな…。このノリで会えたら誰も困らんからなあ、と思った。

しばらくして、スマホの画面を見ると、1件のメールが来ていた。どくん、と胸が鳴った。玉木さんの事務所からの返信だった。Zoomで話をしましょう、とのことだった。

「まじか!!!!」

まさかのまさか! 本当に返信が来るとは…! 僕は嬉しくて部屋の中で小躍りした。せっかくお話しできる機会だからと、玉木さんの本を買って読み込んだ。

そして当日、Zoomの前には玉木さんがいた。いつも自分がいる部屋で、画面の前に玉木さんがいる。緊張と不思議な感覚で、今となっては何を話したかは一切覚えていない。

とにかく、胸が高鳴る不思議な時間だったのだ。

そして、数か月後、僕は東大新聞に連載する「矢口太一の名刺アタック」のインタビューとして、今度は衆議院議員会館に向かった。

建物に入ると、空港のように手荷物検査のエリアがあった。僕は来訪先を所定の用紙に書き、エレベーターに乗った。乗り合わせた男性を見ると、国会議員のバッジがつけてある。

「あ、この人も国会議員か…!」

なんだか大変なところに来てしまった…と少し興奮しているうちに、玉木さんの事務所の階に着いた。一つ一つの部屋がそれぞれの国会議員に割り当てられている。

「ここの部屋はあの議員さんか…！」とミーハー気分が湧いてきた。

玉木さんの事務所に入ると、秘書さんが出迎えてくれた。

ノックをして部屋に入る。

「おお！　矢口君！　ようこそ！！」

「あ…玉木さん、今日はありがとうございます！！」

テレビに出てくる人が目の前にいるというのは何とも不思議な感じがしながらも、僕は事前に準備した質問を玉木さんにしていく。

「玉木さんは野党の党首の１人。次の政権で総理大臣になるかもしれない候補の１人ですよね」

玉木さんがにこっと笑う。

「そこで、現実的な話として気になったのが、それこそ菅総理たち与党は行政を担っているから、かつて玉木さんがいた財務省をはじめ、いろんな省庁の優秀な官僚を、ある意味自分たちの仲間として戦うことができますよね。野党は、自分たちだけで政権交代につながる大事な政策を考えていかなくてはいけない。明らかに物量的な差がある中でどういう工夫をされて戦っているのかが気になります」

ニコニコしていた玉木さんの顔が真剣な顔つきに変わった。

「これは矢口君のおっしゃる通りで、与党には霞が関っていう最大のシンクタンクがある。それとどう対等に渡り合っていくかっていうのはすごく大切なテーマなんだよ。この観点からも、日本ではシンクタンクがもっと発達すべきだと思う」

玉木さんは続ける。

やっぱり、こういうことちゃんと考えているんだ、と思った。

「これからはオープンイノベーション。我々、国民民主党は確かに小さい。ただ、大きい政党であってもどうしても思いつかないところってあるよね。民間企業も最近取り入れているように、外の知恵をどんどん入れていく。私たちは時々、パブリックコメントといって、今困っていることは何ですか、とか意見募集をするんです。ある種、国民と一緒に政策を考えていく。その困りごとの中に出すべき政策があるから、とにかく国民の意見を聞いて集めて、その中から政策を練り上げていけば、的外れじゃないものができる。霞が関はどうしても頭のいい、霞が関シンクタンクなんだけど、我々の場合は、国民と直接向き合ってその対話の中で政策を作っていくことが、カウンターの政策を作る大きな武器になる。我々の武器は国民の声ですね。答えは現場にある。政策は現場にある、と思っています」

そして、インタビューの最後にこんな質問をしてみた。

「政治の神様が、玉木さんの政治人生と引き換えに、たった一つだけどんな政策でも実現させてあげようと言ったなら、玉木さんなら何をされますか」

「公教育の充実だね。私も香川の田舎の出身で、広い世界を見るチャンスをもらえたのは、どんな小さな田舎で育っても、どんな家庭に育っても、優れた教育を受ける機会を保障してくれたからだと思う。高校まで公立の学校に通ったんだけど、東大も授業料は昔に比べて高くなっているし、教育格差も非常に広がってきている。質の高い教育を受ける機会をすべての子供たちに無償で保障したい。優れた人材をいかに世の中に輩出できるか。様々な要因、特に経済的な要因で教育を受けることを妨げられている子がいたら、そこは全部取っ払ってやりたい」

こんな政治家もいるのか。そう思った。

僕は国会という場所に今までより少し明るい印象を持って帰路に就いた。

卒業式

2021年3月18日、よく晴れた日だった。今日は東京大学の卒業式だ。卒業生だけでなく、例年であれば保護者も参加できる晴れの舞台。ただ、コロナ禍の中、式典には、卒業生さえ一部の代表以外入れない。それでも、学友同士で、安田講堂や思い出の場所での記念撮影で久しぶりに大学構内に賑わいが戻る日だ。

小学校の頃からの夢だった東京大学を卒業するんだ。何て誇らしい日なんだ。そう自分には言い聞かせていたけれど、憂鬱な気持ちを払えずにいた。正直、行きたくない。友達からもLINEで「一緒に写真撮ろうよ!」とたくさん連絡が来ていたが、まだ返信はしていなかった。

東大に入ってから、ずっと、違う世界に迷い込んだ感覚だった。

18歳で上京してから、身の回りの生活はもちろんのこと、お金のことも全部、親に頼らずに乗り切ってきた。奨学金にお世話になって、何とかこの日を迎えられた。惨めな想いも悔しい想いもたくさんしてきた。だから、どうしても素直に「いえーい!」と喜ぶことができなかった。

僕は研究室で卒業証書を受け取って、先生にお礼を伝えてすぐに自転車置き場に向かった。途中でばったり会ってしまった友達と写真を撮ったけれど、そのあとは他の誰にも見つからないように急いで、急いで、自転車に乗って、赤門を目指した。

赤門を自転車を押して通るとき、高校生の時のオープンキャンパスでこの門にもたれたら、ポロシャツが真っ赤になったのを喜んで、洗濯で色が落ちないように母にお願いしてたっけな。そんな記憶が頭をよぎった。

僕は家に着いて、パソコンを開いて、お世話になった3つの奨学金をいただいた財団へ感謝のメールを書いた。大学進学後、仕送りがなくて苦しかったこと、そんな中で、奨学金をいただいて、今日卒業できたこと。必ず自分の道で大きくなって、あの時、奨学金を支給してよかったと思ってもらえるような人生を歩んでいきたいこと。4年間の感謝を込めた。

「お礼を申し上げたくご連絡させていただきました。
東京大学を無事に卒業いたしました。

三重県から一人上京したものの、実家の経済状況から4年間仕送りを受けることができず、大学に通うことさえも見通しが立ちませんでした。

そんな中、奨学金をいただくことができ、何とか学士を修めることができました。

4年間学ぶことができたのも、こうして奨学金をいただけたからこそです。大学生活でいただいた一つ一つのご恩を忘れることなく、大きく育て、いつの日か次の世代にお返しできるよう、精一杯頑張ります。

私のような貧しい家の出でも、こうしてチャンスをいただければ、いただいたご恩を必ず何倍にも大きくして次の世代にお返しできることを、これからの人生で証明していきます。

本当にこうして学ぶ機会をいただけたことに感謝しています。

どうかこれからも一人でも多くの苦学生に、学びの機会を与え続けてください。

本当にありがとうございました。」

そして、約束していた「矢口太一の名刺アタック」のインタビューのためにZoomを開いた。東大の大先輩、三重県知事（当時）の鈴木英敬さんだ（現在は自民党所属の代議士）。

「お久しぶりです！　実は今日、東大の卒業式だったんです（笑）」

「おおー！　矢口君、久しぶり！　大きなったなあ！　今日卒業式か！　おめでとう！！」

インタビューを終え、パソコンを閉じる。すごくワクワクする時間だった。この人はものすごく賢い人だ、そう思った。いろんなことをものすごく深くまで考えている。いつか、鈴木英敬さんと一緒にふるさと三重のために仕事がしたい。いや、必ずご一緒するんだ。インタビューを終えれば、自然とそう思うようになっていた。今も僕の目標の一つだ。

ここでは詳細は触れないが、「矢口太一の名刺アタック」の連載にインタビューの全文も載せているので、是非見てほしい。これから一歩を踏み出そうとする僕たちにとって、金言となる言葉がたくさん詰まっている。

少し時間が経ち、ふと、でも今日卒業式だったんだよなあ、と思い出した。少しブルーになってスマホの画面に目をやると、メールに返信が来ていた。

「4年間、本当に頑張りましたね。心細く不安だった上京も、今は懐かしい思い出になっているでしょうか。

……」

涙がこぼれそうだった。今はまだ「懐かしい思い出」とは言えないかもしれない。でも、今日くらいは、苦しかったあの頃の自分に「大丈夫、俺ちゃんと卒業したから。大丈夫だから」そう言ってあげないとな。

どの財団の方からも温かい返信を頂いて、胸の奥がじーんと熱くなった。僕はこうやって多くの方に応援してもらって頑張ることができたのか。人は慣れてしまえば、こうやって感謝する気持ちも日に日に薄れていってしまうかもしれないけれど、これから人生を歩む中でこうやって学生時代に応援してもらったことだけは絶対に忘れちゃだめだ。そう思った。

そして、夢だった大学の卒業式の日に、こんな気持ちを抱く学生がこれから一人でも少なくなるように、僕は頑張るんだ。そう心に決めた。

次の舞台へ！

3月末、僕は新幹線に乗って、一路、九州佐賀に向かっていた。ゲオホールディングスが運営するセカンドストリートの店舗で実際に5か月間の店舗勤務をするためだ。「科学する」そう言って入社することになったけれど、科学すべきことは「現場」で起こっている。まずは、現場で起こることを知らなくちゃいけない。初めての経験を控えて、僕はワクワクする気持ちと少しの不安な気持ちを抱いていた。

ブリュナさんが初めて、この日本にやってきた時、どんな気持ちで船から降り立ったのだろうか。彼はその時にはまだ、これから起こる彼自身の「成功」を知らなかった。自信があるからこそやってきたに違いない。でもきっと不安な気持ちも抱えていたはずだ。

新幹線が福岡に着いた。扉が開く。次の舞台へ、僕はスタートラインから一歩を踏み出した。

新社会人生活

店舗勤務の配属先を決めるにあたって、「典型的な地方都市」にある店舗で勤務するほうが良い経験になるのではないか。そんな話になっていた。

卒業を控えていた大学4年生の2月頃、人事から電話がかかってきた。世間話の後、配属先の話になった。

「矢口さん、セカンドストリート佐賀兵庫店の配属になりました」

「えっと…佐賀県ですか？　兵庫県ですか？」と思わず聞き返してしまった。

そんな経緯で、僕は佐賀県にあるセカンドストリートの店舗で社会人生活をスタートさせた。人生で初めての店舗勤務で、レジ打ちなど多くの業務が初めての経験だった。当初数日はなかなか馴染めず、「いらっしゃいませ！」と声を出すのも恥ずかしいという始末だった。自分でも情けないな…と思っていたそんな時、店長から声をかけられた。

「矢口君、声出すの苦手？」

ドキッとした。

正直に言う。これまで、内閣総理大臣賞だ、東京大学だ、孫正義育英財団だ、そんな世間的には華やかな評価をもらってきた自分が、いきなりエプロンを着て知り合いもいない見知らぬ土地の店舗で勤務している、そのギャップに戸惑っていた。

しかし、店長から声をかけられたことで、僕は何をしにここまで来たのか…そう思った。覚悟を決めてやらないと！　とその瞬間にスイッチが入ったように思う。

店長をはじめ、店舗のスタッフの皆さんは本当に素晴らしい方ばかりだった。最初は手取り足取り教えていただきながら、少しずつ店舗での業務を覚えていった。

店舗の業務に少しずつ慣れてきた頃、衣料・服飾・家電・キッズ用品・アウトドア用品・家具など幅広く商材を扱う店舗の中で、僕は家電を担当することになった。日々黙々と買い取られた炊飯器や掃除機をメンテナンスし、売り場に並べていった。

店長が優秀だったこともあり、売り上げの好調な店舗であったが、唯一家電の販売が伸び悩んでいた。店長から「せっかくなら、家電の売り上げで九州一を狙ってみたら？」とはっぱをかけられた僕は、現場での「自由研究」に取り組むことにした。他の先輩スタッフとも相談し、買い取りから在庫、売場の管理を見直した。仕入れをコントロールできる一般的な小売業と違い、リユース店では買い取りという「仕入れ」

をなかなかコントロールすることができない。そんな制約がある中で、いかに効率的に在庫管理、価格管理をしていくか、僕の「自由研究」が始まった。家電担当のスタッフも、僕の「自由研究」を次第に応援してくれるようになり、少しずつ伸びていく売り上げを皆で喜んだ。

そして、休日には店舗のスタッフの方の車に乗せてもらい、福岡や佐賀のリユース店を巡った。少しずつ、中古家電の価格の高低がわかるようになっていた自分に驚いたりした。

日々「自由研究」を進めていると日々はあっという間に過ぎ去り、最後の店舗勤務となる8月を迎えた。店舗の皆さんに、初めて経験するような心のこもった送別をしてもらい、別れを惜しみながらも僕は飛行機で東京へ戻った。

東京へ戻ってきた数日後、佐賀県のエリアマネージャー（複数の店舗を束ねる管理職）から1件のメールが入っていた。

「矢口君、8月の家電売り上げ、九州1位だったよ！！」

「ビジネスの現場で、こんなに『自由研究』できることってあるんだ！」と胸が躍る5か月間の最高の締めくくりだ。

実際に現場に入ったことで多くのことを学んだ。店舗内での人間関係、どういったことがスタッフのモチベーションにつながっているのか、一つ一つの本部指示は現場からどう見られているのか。東京のオフィスでどんなかっこいいプレゼン資料を作ろうと、どんな高度な予測モデルを作ろうとも、それが実際に使われるのは店舗の現場なのだということを、僕は身をもって実感することができた。そして何より、今でもお菓子を送りあっているスタッフの方、連絡を取り合う友人たちができたことが僕の人生の財産になった。

科学的アプローチの推進

本部へ移動後、7か月の「修行」を経て、社会人2年目の4月から、僕は社長室秘書課の特命担当として「科学的なアプローチ」の推進に本格的に取り組むことになった。といっても、僕に与えられたのは「科学せよ」というミッションだけだ。各部署に何か指示ができる具体的な職務権限があるわけでもない。新人社員が自由に動けるようになった、というだけなのだ。

僕はまず、手当たり次第にヒアリングをすることにした。役員、部長、課長はもちろんのこと、現場のパートアルバイトのスタッフの方まで、おそらく総勢100人以上の方のお話を伺った。

「こんにちは、本部から来ました矢口と申します！　はじめまして！　今一瞬お時間いただいてもよろしいですか…？」

「○○さん、何度もすみません。このあいだ聞かせていただいたお困りごとなんですが、もう少し詳しく…」

「科学的なアプローチで何を変えるべきか」、そして何より「何に困っているのか」を徹底的に聞いて回った。

そこで大きな学びになったことは、ゲオホールディングスに限らず、どの組織であっても、情報をエスカレーションする過程で、少なくない情報は失われ、何らかのバイアスがかかるということだ。といってもこれは当たり前の話で、現場で見たことを「そのまま」上長に伝えるわけにはいかないし、「要点」を報告することになる。加えて、上長や誰かの「悪口」はできれば言いたくない、と思うのも人の心の常だろう。

役員や部長といった部門全体を見る方々に大枠の問題、課題を伺うことに加え、必ず現場のパートアルバイトの方まで直接ご意見を伺いに行く、このことが極めて重要であるということを身をもって実感した。当たり前のことではあるけれど、こうしたことを実行している人は少ない。あまりに少ない。だからこそ、面倒でも全国各地のスタッフの方に直接会いに行き、直接電話をし、話を聞く、そんなことを繰り返していた。そんなことを重ねていると、いつしか、こちらから話を聞きに行かなくても、各地のスタッフの方々から「実は…」と困りごとを教えていただけるようになっていった。

そうして集めた課題リストの中から、課題の持つインパクトと実現可能性の観点で絞り込み、僕はセカンドストリートの売り上げ・買い取り予測モデルにまず手始めに着手することにした。モデルの骨格部分を作って、ご一緒したい部署の部長さんと初めてのミーティングをセットした。といっても、部長さんの立場から見れば、いきなり入社2年目の新人社員から、話を聞かせてほしい、と直接社内チャットが来たというだけだ。

しかし、僕にとっては新しいプロジェクトを始められるかどうかのかなり大事なミーティングだ。

約束のミーティングルームに部長さんがやってきた。

「はじめまして！　矢口です！　よろしくお願いします！」

数分の世間話が終わって、では本題に…というところでパソコンを開いた。

「あ…」

こんな大事なミーティングで、僕のパソコンはそんな時に限ってフリーズし、用意していた資料を見せることができなかった（なんてことだ！と焦った）。

「えっと…申し訳ないですが、口頭でご説明します。一言で申し上げれば、売り上げ・買い取りの予測モデルを活用すべき、というご提案です。現状社内では…」

僕が5分ほど喋ると、部長さんはうなずいてこう言った。

「矢口さん、それは必要なことなので、直ちにやりましょう。お願いします。早速、必要なメンバーを集めて会議をセットしましょう」

即答だった。

そこからはとんとん拍子に話は進み、ミーティングの4か月後の10月には実装に至り、実際に活用されることになった。現在もモデルの改良を重ね、出店判断に活用いただいている。

この、売り上げ・買い取り予測モデルを社内で活用していくにあたって、得た教訓がある。それは、本当の意味で「組織として」こうした科学的なアプローチを活かしていくためには、多くの時間と努力が必要だということだ。「今」良いモデルがあります、というだけではまだ山の2合目にも来ていない。たまたま、私のような推進者と、理解のある課長、部長、役員がいる環境下で、「今」良いモデルがあるというだけであり、「組織として」活用していくためには、半年後も1年後も、その先も持続的に役立つ必要がある。そのためには、組織の中でなぜこの取り組みが必要で、どういった想いで導入されたのかという「理念」の部分から理解を共有しなければいけない。それも幹部だけでなく、担当者のレイヤーまで「理念」が浸透しなくてはならない。そうでなければ、担当者や管理職の誰かが退職したり、異動したりするだけで、途端に取り組みは頓挫してしまう。

売り上げ・買い取り予測モデルの取り組みで最も時間をかけ苦労したのは、導入後の「理念」の共有、持続可能な運営のための担当者育成の取り組みであった。ニュースに載るような「導入事例」を作るのはある意味簡単だ。だがそれを本当の意味で持続的に役立てるのは、泥臭い、腰を据えた取り組みが必要だ、ということを身をもって知れたことが何よりの収穫であったと思う。

そして、その後は店舗予算に関わるモデル、店舗人件費予算に関わるモデルなどに着手していった。

こうした活動を進める中で印象的なエピソードがある。「大学を出たばかりの矢口にはビジネス経験がない」という声を耳にした時に、お世話になっている幹部の１人に相談したことがあった。順調に取り組みは進んでいるけれど、先例もなく、自分で進む方向も見定めていかなくてはいけないことにかなりストレスを感じていた時だった。

「矢口さん、私たちは長い間この事業に関わってきました。矢口さんにはない『ビジネス経験』はたくさんあります。でも、そんな『ビジネス経験』がある我々が集まっても解決できなかった課題はまだまだ山のようにあるんです。それを、矢口さんの力を借りて一緒に解決していこう、そう思うからこうして話をしているんです。会社はチームです。それぞれの長けた力を合わせてやっていけばいい」

胸がじわっと熱くなったことを覚えている。

感謝と前進

会社として持続的に科学的アプローチを活用することができるように、自分がいなくなっても機能できるように、社内でも定期的に勉強会を開催した。そして、20〜40代の実際にデータ分析ができる「仲間」も着々と増えてきた。東京大学の研究室同期の友人も新たに入社することになった。

「矢口が1人で科学する」から、「チームで科学する」ところに少しずつ近づいてきたのだ。

そうしてゲオホールディングスに入社して2年が経った時、僕は東大近くのレストランで遠藤社長と向き合っていた。

「遠藤社長、分析やモデリングができる仲間も増えてきました。このタイミングで、大学院での学業に少し時間を取りたいと思っています。大学院を終えるまで少しお時間いただけないでしょうか？」

僕は今、ゲオでの業務にも引き続き従事しながら、東京大学大学院での学業に時間を取らせていただいている。こんな「問題児」を快く送り出してくれた皆さんには感謝しかない。

想い

僕の志は「社会経済事情に関係なく、すべての人が人生を全うできる社会にすること」だ。この本を執筆することに決めたのも、そうした社会を一緒につくっていく仲間を一人でも増やすために「今」の僕ができることの一つなんじゃないか、そういう想いがあったからだ。一人でも多くの「普通の人たち」が意思決定の場に立ち、僕たちがスタートラインに立つまでに苦労したこと、悔しかったことを、後に続く仲間のために一つずつ取り除いていくことこそが、そうした社会をつくることにつながると信じている。

そして、僕がもう一つ問題意識を持って、今取り組んでいるテーマが、先に触れた通り「活躍の場」が限られ、意欲ある優秀な人材が一部の業界や組織に偏っているという現実だ。僕自身、そうした問題意識を持ってゲオホールディングスという企業に飛び込んだが、日本には意欲ある人材を必要としている組織が他にもたくさんある。しかし「活躍の場」、つまり適切な役割、対価を用意できていないために、マッチングが進んでいない業界や組織がこの社会にはあまりに多いのではないか。これは、社会としても、意欲ある個人のキャリアとしても、とてももったいない。僕自身は、こうした環境に飛び込み、交渉し、「活躍の場」をつくりだし、そこで誰よりも楽しくいきいきと「活躍」することで、「後に続け！」と同じような事例が生まれるきっかけになりたいと思っている。僕の20代での大きな挑戦のテーマだ。ブリュナさんが日本にやってきたとき、彼にはやりがいだけではなく、しかるべき役割と対価が用意されていた。だからこそ、世界一の生糸輸出の基礎となる富岡製糸場がこの国にできたのだ。

　これは、僕のふるさとでも同じだ。地元に帰ると、例えば「データ分析ができる人材がいなくて困っている」といったような声はいくらでも聞くことができる。でも、そうした人材にお金を払う十分な予算はないという。ただ、僕のように地方で生まれ育ち、東京に出ていった人間は、ふるさとに育ててもらいながら、自分が「活躍」し、納税をする頃には、ふるさとではない自治体に税金を払っている。心のどこかで恩返しをしたいと思っている人は僕だけではないはずだ。こうしたふるさとから離れた人たちの力を、上手く受け入れる枠組みさえ用意すれば、ふるさとの少なくない困りごとが解決するのではないか、そう考えている。僕のふるさとをはじめ、多くの地方はこれから困難な時代を迎える。現状維持ではふるさとを次の世代に繋いでいくことはもうできない。僕自身、時がくれば必ずふるさとのために働きたいという想いを常に持っている。

僕はセミの研究でスポットライトを浴びてから今日まで、正直に言えば苦しい期間も多かった。「あんな賞をもらわなければよかったのに…」と思ったことは何度もある。それでも僕の姿を見て、東京大学への進学や内閣総理大臣賞を目指し、夢を叶えてくれた仲間が少しずつ増えてきた。きっと彼らは僕の「苦しい」姿ではなくて、いきいきと楽しんでいる姿を見て目指してくれていたはずだ。だからこそ今では、誰よりも楽しくいきいきと過ごすことが、後に続く仲間のためにも大切なことだと思うようになった。

中学時代の恩師の言葉で一つだけ間違っていたことがあるのかもしれない。

「親元を離れ、人の何倍も努力をし、大変なことも多いと思います。いや、大変なことのほうが幸せなことよりも多いのかもしれません。きっと、ここに残って自分の『身の丈』にあった暮らしをしていたほうがずっと楽なのかもしれません」

先生、僕は大変だけれど、こんなに面白い人生はない！　そう思っています。いろんな幸運が重なってここまでこれた。この先、きっと志をはたせるよう、誰よりも面白い人生を、これからも、必死に生きていきます。

あとがき

日々を、自分に与えられた人生を必死に生きていく中で、僕自身が過去に挑んでいた壁は、今の僕にとって些細なことになっていった。スタートラインに立った僕にとって、もっと「大きな」壁に今挑んでいるのだから、些細な過去に気を遣っている暇はないと思った。

ただ、それはきっと未来の僕から見ても同じなのだろう。今の僕の目の前に立ちはだかる壁は、未来の僕にとっては些細なものになるはずだ。

僕は、そんな今の自分にとって些細なことを、いつまでも忘れずに、そっと手を差し伸べることのできる人でありたい。

僕たちはこの社会の「ルール」を変えなくちゃいけない。どんな家庭や地域、性別に生まれても、どんな社会経済事情のもとに生まれても、みんながスタートラインに立てる社会にしなくちゃいけない。一部の「エリートコース」だけが事実上スタートラインに立てる、「普通の人たち」はスタートラインに立っていないことさえ知らない。そんな今を変えなくちゃいけない。

僕たちが直面した大小さまざまなハードルを一つ一つ取り除かなくてはいけない。

そのために、まず僕たちは、この「ルール」の上でスタートラインに立たなくちゃいけない。

そして、スタートラインに立った仲間たちで、この「ルール」自体を変えていくんだ。

この本を手にした一人でも多くの仲間にスタートラインに立ってほしい。そして、僕たちが苦しんで、悔しい想いをした「ルール」を、一つ一つ変えていこう。

この社会の誰もがスタートラインに立つために。

謝辞

この本を執筆するにあたって、これまで本当にたくさんの方にお世話になったということに改めて気づかされた。ただただ、感謝の気持ちでいっぱいだ。文中にご登場いただいた方をはじめ、ここで直接お礼を申し上げたい方はたくさんいらっしゃるが、この場ではこの本の出版にあたって直接にお世話になった方のお名前を挙げるにとどめたい。

孫正義育英財団の仲間であり、CoeFont代表の早川尚吾さんに感謝を申し上げたい。彼にいくつかのメディア出演の機会をつないでいただいたことが、この本の企画につながるきっかけとなった。そして、エンタメ社会学者の中山淳雄さんに感謝を申し上げたい。中山さんにインタビューしていただいた記事がたくさんの方の目に触れることになり、その後のメディア出演につながった。そして、日本経済新聞の代慶達也さんに感謝を申し上げたい。代慶さんに書いていただいた記事が編集者の方の目に触れることになった。また、PIVOT出演でお世話になった国山ハセンさんにも感謝を申し上げたい。

そして、ゲオホールディングス広報の皆さん、孫正義育英財団の広報の皆さん、そして文中でお名前を挙げさせていただいた皆さんにも、お忙しい中、内容の確認をいただいたことに心から感謝を申し上げたい。

また、「まだ早い」という声も多くいただく中で、「絶対に書くべきだ！」と背中を押してくれた友人たちにも感謝をしたい。特に初期の頃から応援してくれていた有馬さん、石井さんには心から感謝したい。

素敵なブックデザインをしてくださったデザイナーの吉田考宏さんにも心からお礼を申し上げたい。

そして、何よりこの本は編集者の齋藤太郎さんとの二人三脚で書き上げたものだ。お声がけをいただいてから実に一年半以上の月日がかかったが、齋藤さんとでなければ書き上げることはできなかったと思う。心からの感謝を申し上げたい。

たくさんの方に応援していただくことができて、僕は幸せものです。

本当にありがとうございます！　心からの感謝を！

矢口太一（やぐち・たいち）

1998年、三重県伊勢市生まれ。
2015年、第59回日本学生科学賞 内閣総理大臣賞受賞。
2016年、ISEF（国際学生科学技術フェア）日本代表。
2017年、東京大学第2期推薦入試合格（工学部）。
孫正義育英財団1期生。
2021年、東京大学工学部機械工学科卒業。
株式会社ゲオホールディングス社長室秘書課特命担当を経て、
現在、霞ヶ関キャピタル株式会社 AI Lab シニアストラテジスト、
東京大学大学院 新領域創成科学研究科 修士課程 在学中。

本書の一部は、2021年4月から東大新聞オンラインにて連載した
「矢口太一の名刺アタック！」の内容を引用・加筆・修正したものです。

【矢口太一の名刺アタック！】①コロナ禍でもできる！人生の師匠とつながる極意
https://www.todaishimbun.org/businesscard_attack20200402/

【矢口太一の名刺アタック！】②国民民主党代表（衆議院議員）玉木雄一郎さん
https://www.todaishimbun.org/businesscard_attack20200429/

【矢口太一の名刺アタック！】③日本通信（東証一部）福田尚久 代表取締役社長
https://www.todaishimbun.org/businesscard_attack20210623/

【矢口太一の名刺アタック！】④ 鈴木英敬 三重県知事
https://www.todaishimbun.org/businesscard_attack20210729/

【矢口太一の名刺アタック！】番外編「意志あるところに道は開ける」鈴木英敬三重県知事が大切にしていること
https://www.todaishimbun.org/businesscard_attack20210731/

この不平等な世界で、僕たちがスタートラインに立つために

2024年11月30日　第1刷発行

著　者　矢口太一
発行者　宇都宮健太朗

印刷所　大日本印刷株式会社
発行所　朝日新聞出版
〒104-8011　東京都中央区築地5-3-2
電話　03-5541-8814（編集）　03-5540-7793（販売）

Published in Japan by Asahi Shimbun Publications Inc.
ISBN 978-4-02-332383-4

定価はカバーに表示してあります。
落丁・乱丁の場合は弊社業務部（電話03-5540-7800）へご連絡ください。
送料弊社負担にてお取り替えいたします。